肌肉的科学

重构肌肉与力量认知的训练指南

〔日〕石井直方◎著

张斯尧◎译

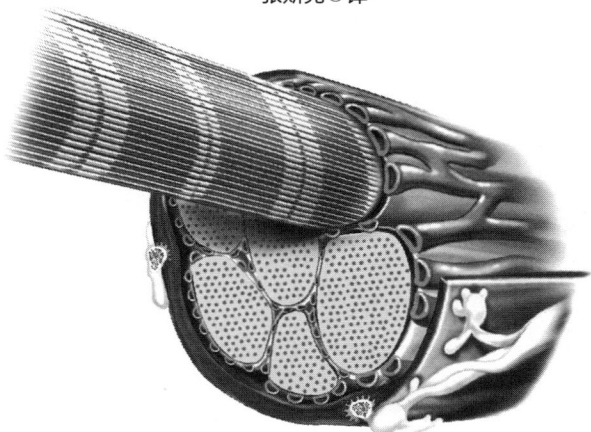

北京科学技术出版社

著作权合同登记号　图字：01-2021-5682

图书在版编目（CIP）数据

肌肉的科学 / (日) 石井直方著；张斯尧译. — 北京 : 北京科学技术出版社, 2023.7（2024.6重印）

ISBN 978-7-5714-2273-8

Ⅰ.①肌… Ⅱ.①石… ②张… Ⅲ.①肌肉—力量训练—基本知识 Ⅳ.①G808.14

中国版本图书馆CIP数据核字（2022）第066345号

策划编辑：陈憧憧	电　　话：0086-10-66135495（总编室）
责任编辑：陈憧憧	0086-10-66113227（发行部）
责任校对：贾　荣	网　　址：www.bkydw.cn
装帧设计：品方排版	印　　刷：河北鑫兆源印刷有限公司
责任印制：李　茗	开　　本：880 mm × 1230 mm　1/32
出 版 人：曾庆宇	字　　数：177千字
出版发行：北京科学技术出版社	印　　张：9.75
社　　址：北京西直门南大街16号	版　　次：2023年7月第1版
邮政编码：100035	印　　次：2024年6月第2次印刷
ISBN 978-7-5714-2273-8	

定　　价：79.00元

前　言

　　无论你的目标是更好地开展体育运动、减肥瘦身，还是保持身体健康，只有深谙肌肉特性，才会有意想不到的收获。

　　在人类历史上，可能没有哪个时代比现在更重视肌肉训练了。现在，不只是运动员，很多普通人都积极加入到肌肉训练中来了。而且以前人们大多只关注有氧运动，现在大家逐渐认识到，无氧的肌肉训练不仅有助于减肥瘦身，还对身体健康大有裨益。

　　肌肉中的骨骼肌约占人体总重量的40%。除了带动身体运动，肌肉在生命活动中还发挥着许多其他作用。

　　本书将围绕肌肉的功能、运动机制和训练方法等，通过浅显易懂的方式进行讲解，希望能给大家带来意想不到的收获。同时希望大家明白，肌肉是否能够正常发挥作用不仅会影响体育运动效果，还会影响减肥瘦身效果，以及人的整体健康。

　　与肌肉相关的知识具有一定的科学性，所以本书中难免会出现一些不易理解的内容，但只要大家认真学习，就一定能消化这些内容，对肌肉的认识取得新突破。

希望大家可以将学到的知识运用起来，祝愿大家都能享受更加健康的生活！

石井直方

目　录

理论篇

理论篇

本篇我们将一起学习
肌肉的构造、功能、作用，
以及与肌肉训练、体育运
动相关的知识。

THEORY

序　章

肌肉的作用

肌肉的作用

如果以经济现象类比的话，肌肉属于能量的"消费者"。

如果肌肉运动不够充分，身体就会陷入"低迷"状态，人便容易生病。

身体能够运动，都是肌肉的功劳

肌肉存在的目的是什么？

肌肉的第一个作用是为身体运动提供动力。生物（包括人在内）之所以能运动，是因为肌肉的存在。人体内部组织和器官的运动都是在肌肉的作用下进行的。即使我们的身体一动不动，心脏跳动、呼吸、胃肠蠕动等生命活动也在正常进行。无论是身体外部呈现出来的运动，还是为维持生命而进行的内脏运动，其动力都源自肌肉的收缩。

肌肉的第二个作用是对抗重力等因素以维持身体姿势。即便是保持站立这一简单的姿势，我们的肌肉也在持续发力。坐、平躺等动作也是如此。肌肉要始终保持在低水平紧张状态下，才能维持身体的姿态不变，这在专业术语中叫作

"肌张力"。此外，肌肉环绕在关节的周围，起到维持关节生理姿态的作用。从广义上讲，这也算作维持身体姿态。

肌肉的第三个作用是产生热量。所有恒温动物（包括人类）体内的热量缺乏到一定程度，生命便难以维持。例如，人的体温恒定在37 ℃左右，但通常情况下，环境温度都低于37 ℃，所以人体必须通过消耗自身能量来产生热量。在热量产生过程中，肌肉做出的贡献最大。当肌肉收缩时，人体产出热量的60%左右由肌肉提供，20%左右由肝脏及肾脏提供，剩余20%由褐色脂肪组织提供。

热量的维持依靠能量的消耗，肌肉的"燃料"为糖类和脂类。如果肌肉的能量消耗水平较低，体内的糖类和脂类就会因过剩而堆积，人就可能患上代谢综合征等生活方式病。也就是说，我们摄取的营养物质之所以能及时转化为能量，以维持身体功能的正常运转和代谢平衡，肌肉功不可没。

以经济学为例，消费行为对于繁荣经济意义重大。从全国层面看，如果人人都在积极消费，经济便会平稳运行。但是，如果大家都把钱攒起来而不消费，经济运行就会逐渐失衡。日本近年来的经济形势就是如此。再回到人体，肌肉是能量的"消费者"，如果肌肉活动不够充分，身体就会陷入"低迷"状态，人便容易生病。

肌力的增强机制属于"地方自治"，而非"中央集权"

肌肉的第四个作用是保护身体。例如，人的腹部被腹肌和背肌包裹，它们能保护腹腔中的内脏不受伤害，犹如坚固的汽车车身保护着车内装置。

肌肉的第五个作用是相当于内分泌器官。近期的科学研究发现，肌肉在运动时会分泌某种物质，这种物质可能会对人体内多个组织器官产生影响。

运动会增强交感神经系统的活动，使肾上腺分泌一种叫作"肾上腺素"的激素。肾上腺素可以促进脂肪的分解，在血液中生成脂肪酸等物质，这些物质将成为肌肉的能量来源。如同某一地方政策先上报中央，中央讨论后再下达指令到地方，这是一种迟缓的决策传递方式。四肢想要运动，必须得到中枢神经系统的指令。一些人正是基于这种传递方式，提出了"局部瘦身不可能"理论，然而事实并非如此。

试想一下，如果身体也采用"中央集权"制，那么大脑一旦发出错误指令，身体便可能朝着错误的方向运动。比如，我们只要想象一下肌肉训练的场景，或是梦见肌肉训练，肌肉就会变粗，实际上这是不可能的。在变粗之前，肌肉会经过缜密的信息判断。例如，肌肉是否真正运动过？是否真的经历过剧烈的运动？

从运动表现的角度看，想要增强肌力，只具备发达的肌肉是不够的，指挥肌肉运动的大脑、为肌肉提供营养的消化系统等，这些相关组织的功能都必须得到提升。当肌肉发出"正在剧烈运动"的信息时，除大脑外，其他身体组织也承担着传递信息的职责，人体的很多活动都是由上述组织通力合作实现的。

举一个例子，肌肉本身可以分泌一种能促进脂肪分解的物质，这种物质能直接作用于脂肪组织，即使中枢神经系统不特意发出"分解脂肪"的指令，肌肉也能获得持续运动所需的能量，身体内部就是通过这种"现场处理"方式实现运动的。由此可知，身体是按照"地方自治"方式运转的。

肌肉的充分运动可以预防生活方式病

决定运动表现的"四要素"

肌肉的发力通过训练得到提升后，一定要进行肌肉发力方法的训练。

只有发动机的汽车无法行驶

肌肉最基本的作用是充当运动的"发动机"，也就是说，肌肉能提供运动的动力，这一点在前文已做说明。如果将肌肉看作发动机，只要还有生命体征，发动机就不会熄火，而是保持怠速状态；只要踩下油门，便可以立刻发力开始运动。

提升运动表现的主要方式是增强发动机的动力，提升其性能。但只有肌肉的力还不够，不能产生持续的运动。如果把身体看作汽车，想要启动发动机（肌肉），就必须向它提供能量，所以一套完备的燃料供应系统必不可少。

只有发动机和燃料供应系统还不够，要把发动机产生的动力真正转化为行车动力，还需要曲轴、齿轮、轮胎等在内的传动系统配合。如果上述条件都具备了，似乎可以算作一辆像样的汽车了,但是如果没有转向系统和制动系统等,这辆车也不能进行真正意义上的行驶。

再回到人体,代谢系统、呼吸系统和循环系统共同构成人体的"燃料供应系统"(代谢系统可以分解营养物质、产生能量;呼吸系统可以吸收氧气、排出二氧化碳;循环系统可以将营养物质和氧气源源不断地输送给肌肉)。对于人体而言,"传动系统"包括骨、关节和肌腱等,"制动系统"主要指中枢神经系统。肌肉作为动力之源,与上述三大系统一起,构成了运动的"四要素"(见图0.1)。

如果以上"四要素"的功能都处于良好运行状态,那固然好,但这相当困难。既然知道了决定运动表现的"四要素"是什么,那么接下来的重点就是学会分析,以便在遇到不同问题时,知道该强化哪个或哪些要素的功能,以及如何

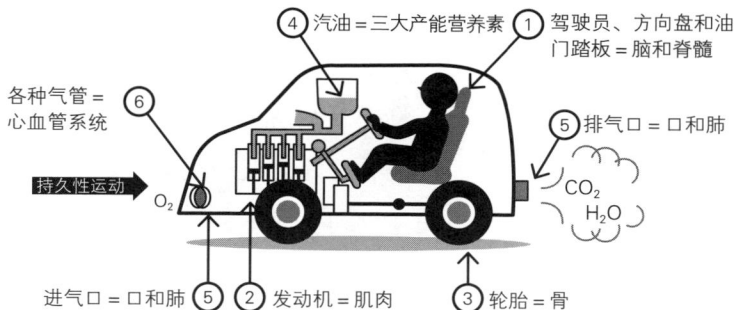

各种气管 =
心血管系统

④ 汽油 = 三大产能营养素　① 驾驶员、方向盘和油
门踏板 = 脑和脊髓

⑥

⑤ 排气口 = 口和肺

持久性运动　O₂

CO₂
H₂O

进气口 = 口和肺 ⑤　② 发动机 = 肌肉　③ 轮胎 = 骨

图0.1　汽车与人体的结构功能类比图
同汽车一样,人体器官各司其职,实现运动功能

强化，从而实现整体运动功能的提升。

肌肉发力得到提升后，要进行发力方法的训练

要想生产出一辆优质的赛车，首要关注发动机。没有强劲的发动机，赛车的动力就不够强大，所以工程师必须先制造出一台动力强劲的发动机。一般情况下，发动机的动力与其大小有一定的关系，所以可以尝试增加发动机尺寸。

但是只有强大的发动机是不够的，如果没有良好的燃料供应系统，赛车就不会有良好的表现。另外，如果传动系统有问题，赛车可能刚启动就会抛锚。另外，性能卓越的变速器也必不可少。只有具备了上述条件，才能生产出一辆优质的赛车。同时，司机的技术也不容忽视，如果司机不具备相应的驾驶能力，在急转弯时就可能直接冲出赛道。因此，在提升汽车性能的同时，还要提升司机的驾驶技术。

切实解决每一个问题，无遗漏地提升各方面性能，才能达到"人车合一"的境界。将提升发动机性能作为首要战略具有重要意义，但这并非代表有了好的发动机就一定能在比赛中获胜。想要提速，只关注发动机而不关注其他系统，就大错特错了。

不过在体育界，犯这种错误的人着实不少。增加肌肉的发力是提升运动能力的第一要素，但拥有强健的肌肉并不代

表身体素质良好而最终能赢得比赛。如果你已经进行了大量的肌肉训练，但是整体运动表现并未提升，那么就要从整体入手，分析自身存在的问题，找出原因并采取相应的措施。请记住，进行综合分析十分重要。

我们可以转变思路考虑一下，在发动机动力增强的同时，相配套的其他部分（如驾驶技术等）是否得到了增强。也就是说，肌肉的发力在经过训练得到提升后，一定要进行肌肉发力方法的训练，这样才能使肌肉力量充分发挥出来。如果不关注发力方法，只是一味地提升肌肉的发力，效果必然不佳。

目标不同，所需肌肉性能也不同

实际生活中，人们对肌肉的性能及身体运动能力的需求是多样的，正如不是所有汽车都是用来参赛的一样。当今时代，低油耗、长续航已成为汽车制造业的重要发展方向。比如，从日常使用角度来说，相比速度很快但最多只能跑几千公里的赛车，人们可能更希望拥有一台结实耐用的普通汽车。

有的人希望获得过硬的身体素质，从而在体育赛事中获胜；有的人则希望养成规律的运动习惯，以保持健康的生活方式。我们必须结合不同的目标进行训练。准确掌握目前自身的薄弱环节，并实施有针对性的弥补性训练，这尤为重要。

THEORY

第一章

肌肉的基本构造

平行肌和羽状肌

根据肌纤维排列方式的差异，肌肉可分为平行肌（速度型）和羽状肌（力量型）。

功能决定构造

正如前面提到的，肌肉最基本的功能是为运动提供动力。但是动力类型分为很多种。以车为例，赛车和推土机就完全不同。对于一辆车而言，是要实现更快的速度，还是需要更大的发力，不同的目标决定了不同的基础构造。肌肉也是同理，有的肌肉需要快速收缩，有的肌肉收缩速度虽然不快，但需要发力很大，因此肌肉在构造方面也呈现出较大的差异。

肌纤维可分为快速收缩型和缓慢收缩型（这一点将在第一章第03节中阐述）。在本节中，我并不打算从如此微观的角度切入，而是以宏观的视角解释肌肉的构造。简言之，就是肌纤维的排列方式。根据这一点，我们可将肌肉明确地分为速度型和力量型。

我们经常在漫画书中看到一种肌肉，它的肌纤维平行排列，肌腹中央较粗，这就是"平行肌"，过去叫作"纺锤状肌"。"平行肌"一词由欧美国家的名称直译而来，近年来应用频次逐渐增加。平行肌肌纤维排列的方向与肌肉的走向一致。

与之相对的是"羽状肌"。就像鸟类的翅膀一样，羽状肌的肌纤维排列呈些许角度的倾斜。羽状肌具有不同的分类，有的像一对翅膀一样，肌纤维由中间向左右两侧对称延伸；有的像单片翅膀，肌纤维只向单侧延伸（单羽状肌）。另外，羽状肌的肌纤维倾斜角度也不同。

速度型肌肉——平行肌，力量型肌肉——羽状肌

由于平行肌的肌纤维呈平行排列，所以其特点是每根肌纤维的收缩距离与肌肉整体的收缩距离相等。如果肌纤维1秒缩短30%，肌肉整体也会缩短30%。

与平行肌相比，羽状肌的肌纤维较短，而且肌纤维的收缩距离对肌肉整体的收缩距离影响不是很明显。即使肌纤维1秒缩短30%，肌肉整体也只能缩短10%左右。也就是说，羽状肌的收缩速度较慢，而且羽状肌的肌纤维收缩速度不能较好地体现在肌肉整体层面。所以在收缩速度方面，平行肌具

有优势。

　　不过羽状肌也有自身优势：比起平行肌，羽状肌的肌纤维较短，所以同体积、同长度肌肉中所含的肌纤维数量较多（见图1.1），且短纤维的并排排列可使肌纤维的发力互相叠加，从而发出更大的力。总而言之，羽状肌的特点是速度慢、发力大。

　　平行肌收缩速度虽然快，但是与羽状肌相比发力较小。沿用之前汽车的例子，平行肌类似赛车型发动机，羽状肌类似推土机型发动机。

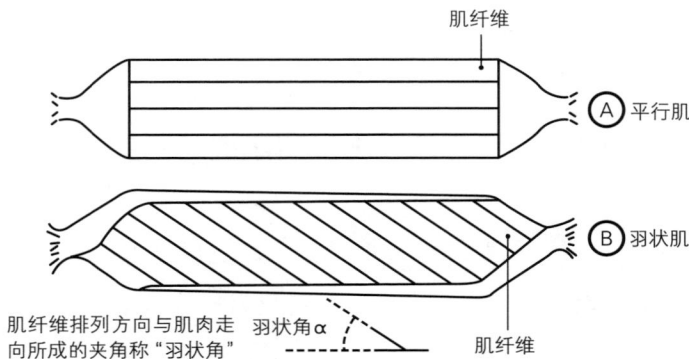

肌纤维

Ⓐ 平行肌

Ⓑ 羽状肌

肌纤维排列方向与肌肉走向所成的夹角称"羽状角"

羽状角 α

肌纤维

图1.1　同体积、同长度平行肌和羽状肌结构模式图

伸肌多为羽状肌，屈肌多为平行肌

　　说起羽状肌，最直观的例子就是蟹钳中的肌肉了。大家在吃螃蟹的时候可以观察一下，蟹钳肌肉中的每一根肌纤维都非常短。蟹钳底部的肌纤维紧紧挤在一起，并填充得满满的，所以螃蟹夹物时的力气极大。物体一旦被蟹钳夹住，就很难挣脱。蟹钳虽然发力大，但不能快速移动，这和羽状肌的特点几乎一模一样。

人体四肢中的伸肌多为羽状肌，屈肌多为平行肌。小腿后侧肌肉中的腓肠肌就是典型的羽状肌。从外观上看，腓肠肌左右两侧对称延伸，整体呈心形。此外，股四头肌和肱三头肌也属于羽状肌，它们的羽状角较大，所以都能发出巨大的力。

肱二头肌是平行肌的典型代表，而大腿后侧的肌肉（腘绳肌）从构造来看属于羽状肌，但是肌纤维的倾斜角度非常小，是一种类似于平行肌的羽状肌。伸展踝关节（绷脚）会牵动腓肠肌运动，与腓肠肌相比，帮助我们完成"勾脚尖"动作的胫骨前肌则是一种羽状角较小的羽状肌。

与肢体伸展有关的肌肉在构造上更注重"力量"，与屈曲有关的肌肉则更注重"速度"和"动作幅度"。从人体整体来看，相比平行肌，羽状肌在数量上具有压倒性优势。对此大家可能感到意外，在我们的印象中，平行肌才是身体中的代表性肌肉。这其实是错误的，相比平行肌，人体中的羽状肌"势力"遥遥领先。

肌肉外部的"变速器"

力量型肌肉？
速度型肌肉？
影响肌肉性质的几个重要因素。

伸肌是抗重力肌

前面提到，人四肢中的伸肌多为羽状肌，屈肌多为平行肌。这是为什么呢？

无论是支撑身体还是跳跃、踮脚，人体无时无刻不在对抗重力。因此，在某些时候，完成上述动作的伸肌也被称为"抗重力肌"。

婴儿在爬行时通过伸展肘部对抗重力支撑身体。随着身体的生长发育，在渐渐学会站立后，就必须依靠膝关节伸展维持站立。站立的力量源自膝关节和髋关节部位的伸肌，它们也是抗重力肌，这些部位的肌肉必须强劲有力。

日常生活中，人们通过屈肌实现关节的屈曲。在完成这类动作时，肌肉一般不会承受太大的负荷。只有在持铃屈肘

时，才会做一些阻力对抗动作。人类的祖先猿类在树枝间穿
梭时，屈肘悬吊身体以防掉落，但是现代人类一般不会垂挂
在树枝上或在树枝间穿梭，所以如果想让肱二头肌发出巨大
的力，就需要做一些特殊的动作。

关节屈曲动作一般出现在某物突然"冲"到眼前，人们
为保护面部和头部而做出防御性动作时。此时需要的是速
度，因此，屈肌在构造上也体现出有利于快速运动的特点。

无论是羽状肌还是平行肌，肌纤维都是肌肉的"变速
器"。假如人体是一辆汽车，羽状肌相当于低速挡，平行肌
则相当于高速挡。

关节的杠杆作用

肌肉的外部也有"变速器"，那就是关节的杠杆作用。
影响关节杠杆作用的关键因素是肌肉附着在骨骼上的位置离
关节较近还是较远。

简单来说，肌肉（力点）如果附着在关节（支点）附近，
那么肌肉只要稍微收缩，四肢末端（作用点）就会产生大幅
度动作。但是根据杠杆原理，末端的力会有所减弱。

如果肌肉附着在离关节较远的地方，肌肉仅有小幅收
缩，四肢末端可能看起来纹丝不动，但是肌肉的发力可以损
耗较少地传导至四肢末端，所以四肢末端的力也会较大。

以股四头肌为例，股四头肌附着在膝盖骨上，其肌腱延伸为髌韧带，一直连接至胫骨。股四头肌发力带动膝关节伸展，根据前述的杠杆原理，只要股四头肌轻微收缩，膝盖就可以产生大幅度运动。但是产生大幅度运动的代价是股四头肌发出的力在传递过程中会出现巨大衰减。举个例子，如果要完成 50 kg 负荷量下的腿部伸展运动，股四头肌可能要发出负荷量超过 500 kg 的力。也就是说，股四头肌发出 500 kg 负荷量的力，只能完成 50 kg 负荷量的腿部伸展运动——以肌肉发力的巨大衰减为代价，实现末端运动幅度的增加。股四头肌不仅要使膝关节产生大幅运动，还要具有较大的力，从而在弥补运动增幅损耗的力之外，还能留有余力。所以股四头肌的基本构造特点是拥有适合发力的羽状角，肌纤维数量多且排列紧密。

另一种"变速器"

肌肉还存在另一个"变速"因素，那就是"肌节长度"。肌节可用来衡量肌肉的收缩能力，肌节的长度不同，肌肉的力与速度也不同（见图 1.2）。

力量型肌肉

肌节

速度型肌肉

Z 膜

肌节

粗肌丝

细肌丝

肌纤维

关节

肌肉

力

肌肉

速度

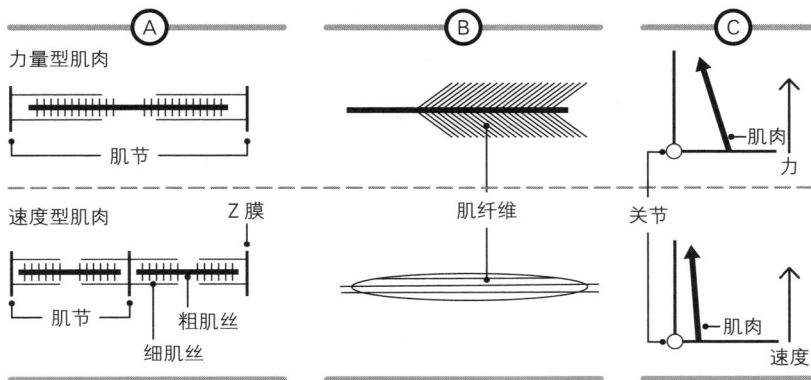

图1.2　力量型肌肉与速度型肌肉的构造特点
A 为肌节长度模式图，B 为肌纤维排列模式图，C 为关节与肌肉的关系模式图

　　肌球蛋白分子按照一定的运动机制引发肌肉收缩。通常情况下，肌节通过肌球蛋白工作机制，按照一定的速度进行收缩。如果一块肌肉由两个肌节联结而成，且两个肌节的收缩速度相同，则肌肉整体的收缩速度就是肌节收缩速度的2倍。

　　如果将肌节的长度延长为原来的2倍（与上文中2个肌节的总长度相等），虽然收缩速度减半，但发力却变为原来的2倍。

　　虾、蟹等甲壳类动物钳中肌肉的肌纤维排列方式为羽状，肌节长度较长。这说明虾、蟹钳中肌肉的构造类型属于力量型。

　　人体肌肉的肌节长度总体差异不大，肌肉的力与速度由前面提到的肌肉构造（羽状肌/平行肌）、肌纤维类型（快肌纤维/慢肌纤维）及关节的杠杆作用决定。有的肌肉完全属于速度型，有的肌肉完全属于力量型。

其实除了上述肌肉类型外，人体中还存在复杂的混合型肌肉。整体来看，人体内多种肌肉类型共存，每一种肌肉类型的性质都不是三言两语就能说明白的。

肌纤维的分类

收缩速度最快但缺乏耐力的肌纤维——Ⅱx型肌纤维。

兼具速度和耐力的肌纤维——Ⅱa型肌纤维。

收缩速度最慢的肌纤维——Ⅰ型肌纤维。

根据代谢特征进行分类

肌纤维可以分为快肌（fast-twitch，FT）纤维和慢肌（slow-twitch，ST）纤维。在单发电流的刺激下，肌肉收缩快速的是FT，收缩缓慢的是ST。

但是在科研领域，肌纤维的分类需要细化。

最初，学界根据肌肉的代谢特征进行了分类。我们对肌纤维中用于糖酵解（糖的无氧氧化）的酵素量（糖酵解活性的高低）及糖的有氧氧化活性进行了调查研究，发现肌纤维可分为两种：可在无氧或缺氧条件下进行能量代谢（糖酵解）的类型，以及可在有氧条件下进行能量代谢（糖的有氧氧化）的类型。前者被命名为快缩–糖酵解型（fast-glycolytic，FG）肌纤维，后者被命名为慢缩–氧化型（slow–

oxidative，SO）肌纤维。由于肌纤维的代谢特征和力学特征几乎呈对应关系，因此可以得出：FT ≈ FG，ST ≈ SO。

不过我们还发现了一种既不完全属于FG，也不完全属于SO的中间类型，称它为快缩—氧化—糖酵解型（fast-oxidative-glycolytic，FOG）肌纤维。于是，根据代谢活性可将肌纤维分为三种类型。

根据组织染色法进行分类

肌纤维的代谢活性研究起来非常麻烦，为了简化研究方法，学界采用了另一种分类方法——ATP酶染色法（钙钴法）。ATP酶染色法主要针对控制肌肉收缩的肌球蛋白。ATP是能量之源，肌肉的发力依靠肌球蛋白对ATP的分解，我们利用这一机制，采用染色法测定不同肌纤维的ATP酶活性。

由实验得知，有的肌纤维在弱酸性环境中ATP酶活性高（染色度高），有的在弱碱性环境中ATP酶活性高，还有的在近乎中性的环境中ATP酶活性高。如果与肌纤维的代谢特征相对应的话，与SO相对应的称为Ⅰ型，与FOG相对应的称为Ⅱa型，与FG相对应的称为Ⅱb型。每组对应关系中的两者，虽不能完全画等号，但基本上是相似的。

这种分类方法本身没有问题，但随着这种分类方法的发展，科学家变化了染色条件继续进行各种实验，对肌纤维进行的分类也越来越细化，如Ⅱac型、Ⅱc型、Ⅱd型等。在分类繁杂的背景下，人们为了更简单清晰地了解肌纤维的分类，又开始了新一轮统一分类方法的探索，最终出现了下一节要讲的根据肌球蛋白的类型对肌纤维进行分类的方法。

根据肌球蛋白的类型进行分类

在蛋白质层面，肌纤维可按照肌球蛋白的类型进行分类。肌纤维的类型不同，肌球蛋白的类型也各不相同。即使都是肌球蛋白，其基因表达也可能不同。研究发现，肌球蛋白基本上可分为四大类。

慢肌纤维中的肌球蛋白分子（准确来说是肌球蛋白重链）属于Ⅰ型（MyHCⅠ）。与慢肌纤维不同，快肌纤维中的肌球蛋白分子共包括三种：MyHCⅡa、MyHCⅡb和MyHCⅡx（或MyHCⅡd）。

过去所说的Ⅰ型、Ⅱa型、Ⅱb型大致与现在的MyHCⅠ、MyHCⅡa、MyHCⅡb相对应，这三种再加上MyHCⅡx或MyHCⅡd形成了四种类型。这一分类在现阶段已获得普遍认可，使以往混乱的肌纤维分类得到了极大简化。肌纤维的分类及各自的主要特征如表1.1所示。

表1.1　肌纤维的分类及各自的主要特征

分类			特征						
A	B	C	肌球蛋白重链	肌钙蛋白(CI)	Ca²⁺ ATPase	糖酵解酶素活性	糖的有氧氧化酶素活性	线粒体数量	肌红蛋白含量
慢肌纤维(ST)	SO	I 型	MyHC I	慢肌纤维型	慢肌纤维型	低	高	多	多
快肌纤维(FT)	FOG	II a 型	MyHC II a	快肌纤维型	快肌纤维型	高	高	中	中
		II x 型	MyHC II x			高	高	中	中
快肌纤维(FT)	FG	II b 型	MyHC II b			高	低	少	少

注：A 为根据力学性质进行的分类，B 为根据代谢特征进行的分类，C 为根据组织染色法进行的分类。

但是在研究人体肌纤维时我们发现，人体中MyHCⅡb的含量微乎其微，而MyHCⅡx的含量较大。根据现在的分类方法，MyHCⅡb几乎可归类到MyHCⅡx中。因此，研究人体的肌纤维主要考虑以下3大类即可：MyHCⅠ型、MyHCⅡa型和MyHCⅡx型。Ⅱx型肌纤维的收缩速度最快，但缺乏耐力；Ⅱa型肌纤维兼具速度和耐力；Ⅰ型肌纤维的收缩速度最慢。

另外，研究发现，部分肌纤维中含有多种蛋白质类型。例如，有的肌纤维中同时含有Ⅱa和Ⅱx两种类型。我们认为，这是一种从Ⅱx型向Ⅱa型转化的中间状态。

现在想来，之前的组织染色法之所以发现了太多无法归类的肌纤维类型，就是因为存在不同蛋白质类型之间的转化现象。

肌纤维类型的转化是由训练及训练结束前的减速活动引起的。在动物实验中，我们还发现了Ⅰ型与Ⅱ型转化的现象。那么这种现象是否也会出现在人身上呢？这个问题目前还没有确切答案。

肌纤维的种类和颜色差异

血红蛋白和肌红蛋白中都含有铁离子。血红蛋白和肌红蛋白所呈现的红色，实质上是铁离子的颜色。

慢肌纤维的红色实质上是肌红蛋白和线粒体的颜色

本节的主题是肌纤维的颜色。肌纤维按照颜色大致可分为两类：发白的快肌纤维，称为"白肌纤维"；带有红色的慢肌纤维，称为"红肌纤维"。为什么快肌纤维与慢肌纤维的颜色不同呢？这主要是因为肌肉中含有一种叫作"肌红蛋白"的蛋白质。

红细胞中含有一种蛋白质——血红蛋白，血红蛋白中存在一种四聚体结构，四聚体与4个氧结合，可以将氧从肺部输送至全身。而肌红蛋白的作用是将血红蛋白转运来的氧输送到肌肉组织中。肌红蛋白还有一个特性就是容易与氧结合。

在二氧化碳含量较多的环境下，肌红蛋白结构中紧紧吸附的氧容易脱离。相比血红蛋白，肌红蛋白对氧的亲和性更强，能不断吸收从血红蛋白中脱离出来的氧。因此，肌红蛋白就成为可以不断吸收氧的蛋白质，而慢肌纤维在有氧环境下的代谢活性更强，那么理所当然地，慢肌纤维中的肌红蛋白含量更多。

血红蛋白和肌红蛋白都含有铁离子，它们所显示出的红色实际上就是铁离子的颜色，而且铁离子和氧离子结合后颜色会变得更红。

肌红蛋白从血红蛋白处吸收氧之后，会把这部分氧转运到肌纤维细胞的线粒体中。线粒体是生产能量的细胞器，内部也含有很多红色的细胞色素。

慢肌纤维中除含有很多肌红蛋白外，线粒体的数量也很多，所以慢肌纤维整体显现明显的红色。快肌纤维中则几乎不含肌红蛋白，整体来看呈白色。

肌纤维类型的转化可直接通过颜色体现

有的肌纤维既不呈白色也不呈红色，整体呈粉色。这种肌纤维除含有血红蛋白外，还含有一定比例的肌红蛋白。

根据前一节的分类结果来看，Ⅰ型是红肌纤维，Ⅱx型是白肌纤维，而Ⅱa型则是粉红肌纤维。

人体的肌纤维分布并非根据类型差异分别集中在一个地方，而是像国际象棋的棋盘那样混合分布，没有绝对的"红肌纤维分布区"和"白肌纤维分布区"。我们所说的红白颜色差异，主要是指肌纤维的整体呈红色还是白色。

不过在鱼类等动物中，确实有肌纤维类型分布泾渭分明的情况。如果我们仔细观察鲕鱼的肉块，就会发现它的红肉部分和白肉部分完美地区分开来了。鱼肉与人体肌肉类似，红色的部分是慢肌纤维，白色的部分是快肌纤维。在鱼类生理学领域，曾有一个专有名词叫"粉红肌"，肌纤维分类采用红肌、白肌、粉红肌的传统分类方式。从这个角度来说，鱼类的肌纤维有着明确的分类。

正如前一节提及的那样，肌纤维的类型的确可以通过训练和训练结束前的减速运动来改变（具体将在下一节中讲解），而肌纤维类型的转化程度可以直接通过颜色体现。

前面提到的鲕鱼，如果是普通日式饮食中常见的养殖鲕鱼，它的肉会更白，而且能看到脂肪。这是因为养殖鲕鱼体内的快肌纤维含量更高。而被认为是高级食材的野生鲕鱼则刚好相反，它的肉颜色偏粉。野生鲕鱼能够自由地邀游于广阔的海洋，肌肉能得到充分的运动，所以野生鲕鱼肉的血红蛋白和线粒体含量更高。也就是说，粉红肌是由快肌纤维转化为慢肌纤维的一种中间状态。

肌纤维类型的判定方法

可能很多人都想知道自身肌纤维的类型。判定人体肌纤维类型的基本方法是采集肌肉标本进行活检。但出于伦理层面考虑，活检目前很难实施，不过这并不代表没有别的办法。

我在研究室中曾做过肌肉的电刺激实验，发现可以根据肌肉的不同反应推测肌纤维的类型。虽然目前我们还不能给出人体肌纤维类型比例的准确数值，但总体来说，还是能判定肌纤维到底是快肌纤维还是慢肌纤维的。

除此之外，筑波大学的研究团队还研究出了另一种方法——MRI检测法。由于慢肌纤维的运动很大程度上依靠脂肪提供能量，所以慢肌纤维细胞中脂肪的含量要比快肌纤维细胞中高。这也是利用MRI进行肌纤维类型判定的一次尝试。

今后可能还会出现各种各样的肌纤维类型判定方法

　　到目前为止，人体肌纤维类型的判定方法除了活检以外，只有上述两种。但在当前的体育运动等领域，肌纤维类型的判定需求日益旺盛，所以今后可能还会出现更多方法。

慢肌纤维与快肌纤维能相互转化吗

马拉松运动员体内的慢肌纤维较多，难道他们是天生如此吗？这样的肌纤维组成可能是长期训练的结果。

Ⅰ型肌纤维与Ⅱ型肌纤维之间难以逾越的鸿沟

通过第一章第03节的学习，我们了解了肌球蛋白是一种与肌肉收缩直接关联的蛋白质，它是肌纤维类型的决定性因素。

Ⅰ型肌纤维（慢肌纤维）中含有Ⅰ型肌球蛋白，Ⅱ型肌纤维（快肌纤维）中含有Ⅱ型肌球蛋白。虽然这两种类型的肌球蛋白基本上属于同一种蛋白质，但它们的结构图——基因却不同。

肌肉收缩源自肌球蛋白机能的发挥（准确来说，肌肉收缩是由肌球蛋白和肌动蛋白的相互作用产生的）。Ⅰ型肌纤维中的肌球蛋白发力前的反应速度较慢，而Ⅱ型肌纤维的肌球蛋白反应速度大概是Ⅰ型的2~3倍。也就是说，相同时间内，如果Ⅰ型肌球蛋白发力1次，那么Ⅱ型肌球蛋白可以发力2~3次。Ⅱ型肌球蛋白中，Ⅱx型肌球蛋白的反应速度比Ⅱa型稍快。肌球蛋白反应速度的不同也体现在肌肉收缩速度的差异上。

实际上，就算Ⅱa型肌纤维的比例再大，肌纤维中也会含有少量的Ⅱx型肌纤维，仅有一种蛋白质类型的肌纤维恐怕是不存在的。而且前面的章节中也提到，通过训练等方式，肌纤维的类型会发生转化。

但是肌纤维类型发生转化时会面临一个问题——Ⅰ型肌纤维和Ⅱ型肌纤维之间存在本质的差异，无法实现一种向另一种的完全转化。针对人体肌肉的研究发现，慢肌纤维和快肌纤维之间存在难以逾越的鸿沟。举个例子，就算人们花费精力进行训练，也只能使Ⅱx型肌纤维转化为更接近Ⅰ型肌纤维的Ⅱa型肌纤维。目前学界认为，Ⅱa型肌纤维向Ⅰ型肌纤维的转化是不可能实现的。Ⅰ型肌纤维和Ⅱ型肌纤维存在本质的差异，无论是快肌纤维转化为慢肌纤维，还是慢肌纤维转化为快肌纤维，这些在人类身上都不会实现，目前这一观点已成定论。Ⅰ型肌纤维、Ⅱ型肌纤维的比例由基因决定，运动不会使两者的比例发生变化。有一位名为帕沃·V.科米的生理学家于1976年发表过一篇著名的论文，在论文中得出了"同卵双胞胎的肌纤维组成完全相同"的结论，这个结论也成为"基因决定论"的有力支撑。

对各种运动员体内肌纤维的组成进行研究发现，从事马拉松等耐力型项目的运动员体内的Ⅰ型肌纤维较多，从事短跑等速度型项目的运动员体内的Ⅱ型肌纤维较多。有些人能够成为这些项目的一流运动员，他们的肌纤维组成是长期训练的结果，还是生来如此呢？到目前为止，研究倾向于认为"他们的肌纤维组成天生如此，天生有利于某一种竞技项目"。

动物实验中出现了Ⅰ型与Ⅱ型肌纤维相互转化的现象

但我们进行动物实验时发现，动物体内的Ⅱ型肌纤维可以轻易地转化为Ⅰ型肌纤维。在一个著名的实验中，科研人员在兔子的肌肉中植入电极，按照每秒1次的频率连续向兔子肌肉施加电刺激（慢性刺激）。大约1个月后，本来的白色快肌纤维变成了红色的慢肌纤维（见图1.3）。

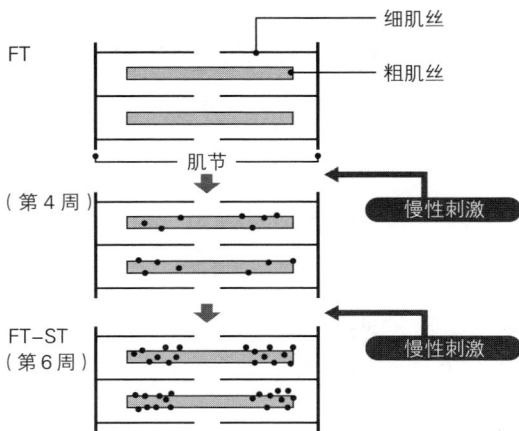

图1.3　向兔子的快肌纤维施加慢性刺激后产生的变化

快肌纤维随时间变化逐渐转化为慢肌纤维。单个肌节内，出现在一根粗肌丝上的慢肌型肌球蛋白的数量增多。黑色圆点是慢肌型肌球蛋白附着位置的标记基于以上动物实验结果，人们会想当然地认为人体也是如此。但对于这一问题，目前学界尚未达成共识。人体的快肌纤维、慢肌纤维类型在 2 ～ 3 个月内的确不会发生相互转化，但是经过 5 年、10 年的持续训练后呢？在这么长的时间中，快肌纤维、慢肌纤维之间是否有可能相互转化呢？

马拉松运动员体内的慢肌纤维较多，难道他们生来就是如此吗？这一点没人能确定，这样的肌纤维组成也可能是长期训练的结果。所以，大家千万不要觉得自己没有马拉松天赋就放弃马拉松运动，因为肌纤维的组成可能会因个人努力而改变。

慢性电刺激产生的变化是真正的变化吗

关于前面慢性刺激实验的内容这里需要补充一点。

肌纤维在持续的刺激下，的确可以从 Ⅱ 型肌纤维转化为 Ⅰ 型肌纤维，但是我们能判定这根肌纤维是慢肌纤维或快肌纤维吗？目前还没有明确的指标可以判定某根肌纤维是慢肌纤维还是快肌纤维。因此，正确的说法只能是"原本是 Ⅱ 型的肌纤维，经过转化，呈现出近乎 Ⅰ 型肌纤维的性状"。

如果一根肌纤维天生就是 Ⅱ 型，而且现在依旧是 Ⅱ 型，我们就认为它是一根"附带'血统'证明的 Ⅱ 型肌纤维"。虽然某根肌纤维原本是 Ⅱ 型，但是经过训练后发生了转化，从表面看它确实是完美的Ⅰ型，不过究其"血统"还是属于Ⅱ型。

针对这一情况，我们要问一个问题，向肌肉施加的刺激中断之后，肌纤维还会恢复回原来的Ⅱ型吗？

实际上在动物实验中，当肌肉运动不充分时，肌纤维中确实出现了Ⅰ型肌纤维转化为Ⅱ型肌纤维的情况。对于这一现象，有人解释为Ⅱ型肌纤维的增加。那么有没有可能，这部分发生转化的肌纤维本身就是Ⅱ型呢？这个问题目前尚无明确答案。

肌肉训练会带来肌纤维之间怎样的转化

无论经过怎样的训练，肌纤维通常会向更有耐力的方向转化。

肌纤维通常会向更有耐力的方向转化

快肌纤维中的Ⅱx型在经过耐力训练后，能够转化为更接近慢肌纤维的Ⅱa型。目前还没有实验证明，人体内的Ⅱa型肌纤维可以转化为Ⅰ型，但在前一节提到的动物实验中，这种现象却真实地出现了。

如果我们停止对受试者进行耐力训练，转而进行爆发力提升训练，又会发生什么呢？例如举重训练，为了使肌肉变粗，我们让肌肉反复进行单次短时发力，会不会产生与上面实验相反的结果，即慢肌纤维转化为快肌纤维呢？

从结果来看：不能。

我们无法让动物进行肌肉力量训练，在为数不多的人类肌肉实验中，通过活检我们发现，几乎所有的Ⅱx型肌纤维都会转化为Ⅱa型肌纤维。也就是说，实验结果和进行耐力训练产生的效果一致。

一篇来自美国的研究报告称，通过对从事投掷等力量型项目运动员的肌肉进行研究发现，他们体内几乎没有Ⅱx型肌纤维。普通人体内的Ⅱx型和Ⅱa型肌纤维的比例大概为1:2～1:1，而顶级田径运动员的Ⅱx型肌纤维几乎全部转化为了更具持久性的Ⅱa型肌纤维。

可以看出，肌肉通常会向更有耐力的方向转化。

这又是为什么呢？答案是训练量。力量型的运动员也好，速度型的运动员也好，为了获胜都必须进行长时间的训练，都要做大量的跑、跳等练习，否则无法成为优秀的运动员。

虽然这些运动员的动作都属于瞬间发力型动作，但是这些动作的多次重复必须依靠身体耐力的支撑。而且如果不提前做好一定的力量储备，他们就不能在比赛中脱颖而出获得胜利，因此肌肉的耐力必须得到提高。

想要把肌肉训练得与健美运动员一样粗壮，重点在于使肌肉陷入疲劳状态。如果能做到这一点，肌肉就自然能转化为兼具粗壮与力量的类型。

将肌纤维从耐力型转化为爆发力型的方法

想要将耐力型肌纤维转化为爆发力型肌纤维，真的一点办法都没有吗?

实际上是有的，想让Ⅱx型肌纤维（而不是Ⅱa型肌纤维）增加的话，有一个策略叫作"偷懒"。实验证明，只要不使用肌肉，Ⅱx型肌纤维就会增加。例如，宇航员们在失重环境下不使用肌肉的工作状态；又如，人们在骨折等伤病状态下，手脚长期捆绑石膏绷带，会出现肌肉中Ⅱa型肌纤维的减少及Ⅱx型肌纤维的增加。

因此，想要增加Ⅱx型肌纤维，基本上只需保持怠惰就可以了。Ⅱx型肌纤维的速度比Ⅱa型肌纤维要快，如果在要求力量的基础上还要求速度，最好的训练方式就是适度偷懒。但如果过度偷懒，就会导致肌肉萎缩，力与速度反而减弱。所以一定要协调好休息与训练的关系，在最合适的时机恢复训练。只要能控制好节奏，肌肉就可以一直保持最佳状态。

尽管如此，这一策略在具体实施时依旧困难重重。很多项目不会在单次发力的情况下决出胜负，就算我们成功增加了体内的Ⅱx型肌纤维，但如果肌肉耐力下降了，这一策略最终也可能起不到正面作用。所以，我们并不推荐这种一味增加Ⅱx型肌纤维的方法。

训练出有力量、有速度并有耐力的肌肉并保持下去，才是取得比赛胜利的基础。

肌纤维转化要花费的时间

从训练开始计算，要经过多长时间才能使肌纤维由Ⅱx型转化为Ⅱa型呢？有人对这一问题进行了研究，认为大约需要2周的时间。所有的Ⅱx型肌纤维不可能一口气都转化成Ⅱa型，两者之间的转化是循序渐进的。Ⅱa型肌纤维向Ⅱx型的转化也是同理。肌肉中存在一种机制，可在2周左右引发代谢系统的反应，改变肌纤维本身的特性。

回想自己的运动生涯，忙的时候有7～10天不能训练，等到回归训练时，经常出现这种现象：杠铃不变，最大托举次数却变少了。过去能举起5次，现在只能举起3次了，这样的经历想必很多人都有。与其说是肌肉力量的问题，不如说是肌纤维类型改变引发的。

力量型项目运动员几乎不含Ⅱx型肌纤维。几乎所有的Ⅱx型肌纤维都转化为了Ⅱa型

随着身体的衰老，肌纤维会如何转化

随着身体的衰老，体内的 II 型肌纤维会减少，I 型肌纤维会增加。

神经对肌纤维的影响

通过前一节的学习我们知道，训练过后肌纤维类型会发生转化。那么随着年龄的增长，肌纤维类型也会发生转化吗？本节我们就来一起探讨这一问题。

我们知道，在胎儿阶段，快肌纤维和慢肌纤维的比例由基因决定。构成肌纤维的细胞称为"成肌细胞"，与肌纤维类型相对应，成肌细胞也分为 I 型、II a 型和 II x 型。I 型成肌细胞经培养会发展为 I 型肌纤维，II 型成肌细胞经培养会发展为 II 型肌纤维。

但最近的一项研究发现，在进行 II 型成肌细胞培养时，将与 I 型肌纤维相连的神经细胞一同植入，这个成肌细胞最终发展为了 I 型肌纤维，而非 II 型肌纤维。虽然一般来讲，肌纤维的类型在人出生时就已确定，但如果与肌纤维相连的神经细胞发生了变化，最终成肌细胞还是会遵照神经的指令进行发展。由此可见，神经的影响不仅具有即时性，影响力还比较大。

如果运动神经死亡，肌纤维会去寻找新的支配者

人体的肌肉会随着身体的衰老而萎缩，45岁之后大腿肌肉会以惊人的速度减少。

原因是每根肌纤维都会变细，肌纤维的数量也会减少。再说一下Ⅰ型肌纤维与Ⅱ型肌纤维的比例问题，Ⅱ型肌纤维也就是快肌纤维的占比会有所下降，这不仅会导致肌肉变细，而且快速发力能力也会降低。

为什么会出现Ⅰ型肌纤维增加、Ⅱ型肌纤维减少这种情况呢？为什么这种变化出现在身体衰老时呢？

关于这个问题，目前虽然不能给出明确答案，却可以进行推断。我的研究团队曾用老龄小鼠做过实验，结果发现，随年龄增长而引发的肌纤维数量的减少可能与运动神经的死亡有关。

肌肉受运动神经（α运动神经元）支配。而这些运动神经似乎会在人们年老后一根接一根地死亡。一根运动神经多则支配超过2000根肌纤维，少则支配数十根。运动神经死亡后，它管辖的肌纤维就接收不到指令，此时的肌纤维便处

于不受运动神经支配的状态。

这些不受支配的肌纤维会做些什么呢？它们会去寻找新的支配者。肌纤维具有与神经结合部位相似的构造，处于一种随时可与神经相连的状态（平常这样的构造会被保护起来，不与其他神经相连）。当有其他神经分叉接近时，失去支配者的肌纤维就会与它紧贴，并重新构建支配关系（这时与结合部位相似的构造会再次被保护起来，避免与其他神经相连）。

假如支配Ⅱ型肌纤维的运动神经死亡，Ⅱ型肌纤维可能会与支配Ⅰ型肌纤维的运动神经建立连接，那么这部分肌纤维就会转化为Ⅰ型肌纤维（见图1.4）。

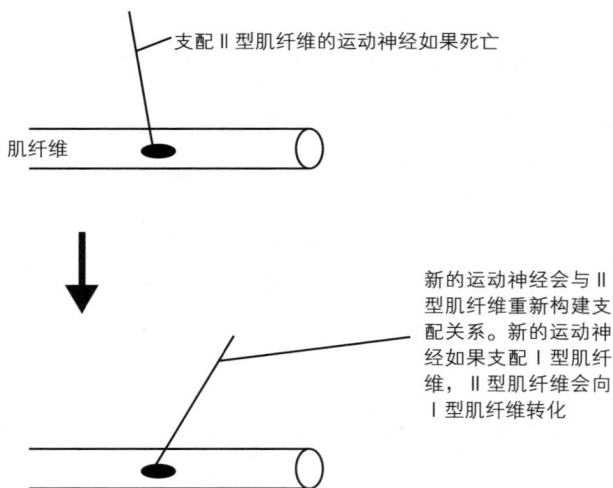

支配Ⅱ型肌纤维的运动神经如果死亡

肌纤维

新的运动神经会与Ⅱ型肌纤维重新构建支配关系。新的运动神经如果支配Ⅰ型肌纤维，Ⅱ型肌纤维会向Ⅰ型肌纤维转化

图1.4　运动神经死亡后Ⅱ型肌纤维向Ⅰ型肌纤维的转化

就这样，越来越多的Ⅱ型肌纤维发生了转化，Ⅰ型肌纤维的占比就有所提升。如果有证据证明这一结论，那么就会推动抗衰老研究进入新的阶段。

随年龄增长而逐渐减少的肌纤维类型为Ⅱ型

有人提出了一个问题——支配Ⅰ型肌纤维和Ⅱ型肌纤维的运动神经会同步死亡吗？从理论上讲，支配Ⅱ型肌纤维的运动神经会先死亡，这是因为支配Ⅱ型肌纤维的神经细胞尺寸较大，因而维持该细胞运转需要更多的能量。但随着年龄的增大，人体循环系统功能衰退，可能导致组织细胞能量供应不足，因此这些细胞会率先受到影响，功能减退进而死亡。

虽然支配Ⅰ型肌纤维的运动神经传递指令的次数多，但由于细胞较小，所以更加耐用。

支配Ⅱ型肌纤维的运动神经细胞尺寸较大，支配的肌纤维较多，所以当这种运动神经死亡时，对肌肉产生的影响较大。如果把支配Ⅱ型肌纤维的运动神经比作大企业，把支配Ⅰ型肌纤维的运动神经比作中小企业，这样就容易理解了。大企业的破产会对社会产生较大的影响，导致很多员工失业。不过这些员工并不会长时间流落街头，他们有的会去中小企业再就业，虽然企业规模变小了，但还是能继续生存。

随着身体的衰老，人体内的Ⅱ型肌纤维会减少，Ⅰ型肌纤维会增加。反过来，Ⅰ型肌纤维减少、Ⅱ型肌纤维增加的情况会发生吗？对此目前学界持否定态度。但由于目前并没有实验从某人的同一个部位多次提取肌纤维以追溯其在20多岁、30多岁、40多岁、50多岁及60多岁时肌纤维随年龄增长的变化，所以我们不能保证这一结论在任何情况下都正确。但是根据前面讲过的神经细胞大小与能量消耗的关系问题，"Ⅰ型肌纤维减少，Ⅱ型肌纤维增加"这一现象应该也是不存在的。

那么肌肉训练能有效避免Ⅱ型肌纤维减少吗？这是今后的研究课题。支配Ⅱ型肌纤维的运动神经一般不会因为被过度使用而死亡，我们倾向于认为，运动神经因为不怎么被使用而被判定为"无用"后，才会"自杀"（细胞凋亡），这一观点更符合客观实际，所以频繁调动Ⅱ型肌纤维运动，很可能是延长寿命的一种手段。

THEORY

第二章

肌肉的发力机制

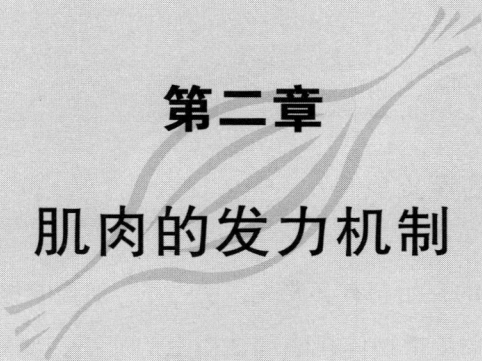

肌肉收缩机制

肌肉收缩是指肌肉向自身的中心方向主动发力。

肌肉收缩的定义

在本节的开始，有必要先说明一下"肌肉收缩"的含义。"收缩"本义是指物体在物理性质上的变小、变短。曾有观点认为，用"收缩"一词表示拉长收缩（离心收缩）很奇怪。"拉长收缩"的意思是：肌肉像刹车装置一样，为达到减缓运动等目的，在发力时处于伸展状态。缓慢放下杠铃时，肱二头肌就处于拉长收缩状态，此时肱二头肌长度增加，处于伸展状态。因此，使用"收缩"一词，有人认为很奇怪。

经过一系列讨论，学界决定不再使用"肌肉收缩"一词，而是改用"肌肉活动"。直到现在，在运动生理学领域，肌肉收缩多指肌肉变短，肌肉处于发力状态则统称为"肌肉活动"，而且使用频率还不低。

但是"肌肉活动"一词不仅包含了肌肉的力学做功，还包含产热等方面，这样一来，"肌肉活动"这一专业术语反而变得复杂了。所以，对于改用"肌肉活动"一词，也有人提出反对意见，包括我。以上就是"肌肉收缩"一词的演变。

我们没有必要一提肌肉收缩，就联想到视觉上的收缩。那么究竟如何定义"肌肉收缩"呢？肌肉收缩是指肌肉向自身的中心方向主动发力。

只要发力的方向趋向于中心，就可称为"肌肉收缩"。在肌肉两端固定的状态下，即使肌肉自身长度不变，只要能发力，就可算作肌肉收缩[1]。当然，拉长收缩也属于肌肉收缩。

如果认识不到这一点，接下来的内容理解起来可能会非常困难，所以请大家务必牢记。

一般来讲，肌肉只能在一个维度上朝一个方向收缩

实际上，肌肉只有一种发力方式。肌肉发力只有一个维度、一个方向。也就是说，肌肉发力只能是线性的（一个维度），并且只能向中心方向发力（一个方向）。也许有人会产生误解，认为存在某种肌肉，其发力方向是与此相反的，即可以从中心向外侧发力。但是力的方向只能朝向中心，肌肉

---

[1] 在测量握力和背肌力时，肌肉发力但是动作不变，属于等长收缩。

不可能自动向外伸展。

　　肌肉只能向一个方向收缩，表明肌肉收缩一旦停止，就无法恢复原状。可是如果真的这样就麻烦了，所以每块肌肉通常都有一个可助其伸展回来的搭档——拮抗肌。例如，肱三头肌是肱二头肌的拮抗肌、腘绳肌（主要为股二头肌）是股四头肌的拮抗肌（见图2.1）。

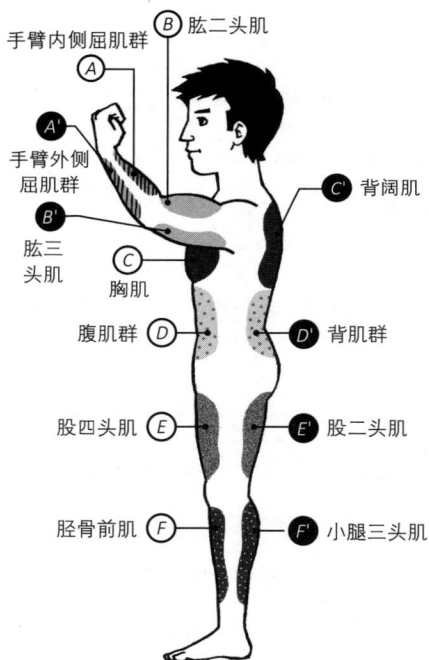

图2.1　人体的主要拮抗肌对
注：A–A' ~ F–F' 仅表明肌肉间的对应关系，并无主次之分

在肌肉训练等特殊运动场合，重力或杠铃等负荷起到了伸展肌肉的作用，所以在这些情况下，拮抗肌几乎不运动。可是在日常生活和体育运动中，如果拮抗肌运动不充分，肌肉就会一直处于收缩状态。拮抗肌对之间的失衡很可能导致运动效果不佳，长此以往可能产生慢性病变。

运动时，拮抗肌对同时收缩，不仅可以完成高强度动作，还可以避免对关节产生过大的压力，所以训练时一定要注意拮抗肌对之间力的平衡。

拮抗肌对之间的力原本是不平衡的

拮抗肌对之间的力原本是平衡的吗？答案是否定的。至于原因，前文已提到，屈肌和伸肌相反，伸肌更注重肌肉的发力，而屈肌更倾向于运动速度和幅度。屈肌肌力是伸肌肌力的50% ~ 60%（按普通人最大肌力测量结果计算。拮抗肌对之间有肌力差，但是肌肉粗度大致相等）。

在日常生活中，存在少许的力量差并不会产生危害，但如果你是一名短距离项目或跳跃项目运动员的话，就另当别论了。这些项目都需要下半身快速发力，股四头肌和腘绳肌必须协同收缩（腘绳肌可以调整自身发力以避免膝关节脱臼，而且它不仅可以控制膝关节的屈曲，还可以辅助髋关节后伸），如果腘绳肌的发力只有股四头肌的50% ~ 60%，最后的运动表现肯定不尽如人意。

如果在这种情况下持续参赛，腘绳肌不能承受股四头肌产生的力，就会导致腘绳肌拉伤，还可能导致更严重的损伤。所以，在短距离项目和跳跃项目运动员的肌力训练计划中，都会安排腘绳肌强化训练。训练后腘绳肌外观上会比股四头肌更粗壮（准确来说，不只是腘绳肌，还包括内收肌，很多运动员的"腿部内侧肌肉"都很粗壮）。那些一流运动员的大腿内侧肌肉非常发达，他们通过强化腿部内侧肌肉的训练改善拮抗肌对之间力的不平衡。

肌肉收缩形态

在肌肉收缩的四种形态中，等张收缩在训练实践中的应用最为广泛。

等长收缩

肌肉收缩是指肌肉向自身的中心方向发力。肌肉在收缩的同时发力，所以表示肌肉收缩状态的变量有两个：力和长度。肌肉收缩的本质就是这两个变量随时间的变化而变化。

这个道理虽然简单，但是肌肉的力和长度时刻都在变化，所以研究肌肉的性质并没有那么简单。现在暂不考虑其他要素，只根据肌肉收缩的特性学习几种测量肌力和肌肉长度的方法（见图2.2）。

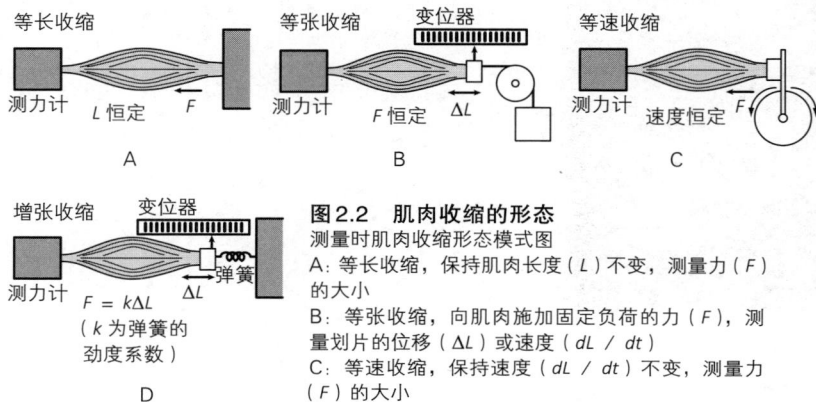

图2.2　肌肉收缩的形态

测量时肌肉收缩形态模式图

A：等长收缩，保持肌肉长度（L）不变，测量力（F）的大小

B：等张收缩，向肌肉施加固定负荷的力（F），测量划片的位移（ΔL）或速度（dL/dt）

C：等速收缩，保持速度（dL/dt）不变，测量力（F）的大小

D：增张收缩，在肌肉的一端连接弹簧等弹性物体，测量划片的位移（ΔL）和力（F）的大小

　　第一种方法为等长收缩。前面提到，测量握力和背肌力需要在肌肉两端固定的状态下进行。只要肌肉长度不变，就可以轻松测量力与时间的变化关系，这是一种比较简单的测量方法。

　　使用握力计和背肌测力计进行测量的前提是：显示的最大肌力值越高，意味着人可托举物体的质量越大，或者参与运动的肌肉发力能力越强。但这一结论并不能直接应用于现实生活中，例如某人的背肌力负荷量测量结果为200 kg，但他不可能抓举起200 kg的杠铃吧？他的1 RM肌力（单次可举起的重量）的负荷量可能只有170 kg。等长收缩作为一种简单、易操作的传统测量方法被广泛应用，但是测得的数值一般为最大值，并不是运动中实际发力的大小。

等张收缩

第二种方法为等张收缩。与等长收缩不同，这是一种保持发力大小不变的测量方法。最简单的操作就是让受试者牵引带滑轮的缆绳。由于滑轮的存在，不管关节成多大角度，肌肉的负荷是基本不变的，所以只要匀速牵拉缆绳，此过程中肌肉进行等张收缩的条件理论上就是成立的。

但是，等张收缩也存在自身的问题。虽然在使负荷物保持匀速运动的过程中，肌肉的收缩力基本不变，但是想要使静止的负荷物开始运动，最开始的肌肉发力一定是偏大的。

肌肉的发力随长度的变化而变化，最大肌力也会随肌肉收缩程度的变化而时刻变化。所以，此时肌肉的负荷不一定恒定。这个测试表面上看起来确实是等张收缩，但从肌肉的角度来看，测试过程中应加以控制的多个变量却未能保持不变。

想要测得准确的数值，需要利用外力控制负荷的大小，或在肌肉的发力保持不变的极短收缩期内完成肌肉收缩的性质研究。无论如何，测试都必须在严苛的条件下进行，因此难度较大。

等速收缩

第三种方法为等速收缩。肌肉在负荷恒定、张力不变的情况下，收缩速度相同。我们可以利用这个数十年前就发现的性质，利用电动机等设备，从外部保持肌肉的收缩速度不变，这样就可以测量出匀速收缩状态下肌肉的发力大小了。同时，这种方法也可以测量肌肉发力的速度。测量时只需保证电动机匀速运动就可以了，这是一种比肌肉等张收缩形态下更简单的测量方法。

不过，这种方法也存在很多不足。保持速度不变测量力的大小与保持力的大小不变测量速度，严格来说不是一回事。即使保持速度恒定，在极限负荷下测试，肌肉发力的大小也是会变化的。等速收缩测量法是一种简单易行的方法，但不适合深入研究肌肉的性质。总的来说，等速收缩虽然不是研究肌肉性质的理想方法，却能简单、轻松地获取肌肉数据，所以等速肌力测量仪在训练科学领域的应用十分普遍。

增张收缩

第四种方法为增张收缩。拉伸弹簧或弹力带，在肌肉收缩的同时，逐渐增加负荷。弹簧的弹力在一定范围内与拉伸长度成正比，弹簧越拉越长，肌肉的收缩力也越来越大。这种方法多用于训练，很少用于测试。增张收缩的典型训练方式为弹力带训练或拉力器训练，其中拉力器训练曾流行过一段时间。

　　以上四种肌肉收缩形态，在训练实践中应用最广的是等张
收缩。除了使用滑轮的牵引训练外、杠铃训练、运用自身重
力的俯卧撑和引体向上等运动也属于此类。这种训练方式从
表面看负荷恒定，具有等张性特点，因此也称"等张练习"。

　　关于张力恒定，滑轮自然满足这个条件，但如果是其他
器械，负荷就会随动作的变化而变化。其中最直观的就是持
铃屈肘，当哑铃垂于体侧时，肌肉几乎不承载负荷。但是根
据杠杆原理，向上抬升哑铃时肌肉负荷会逐渐增加。当小臂
与地面平行时，肌肉负荷达到最大，随后随小臂的下降而递
减。所以，从严格意义上说，这不算等张收缩。

缩短收缩和拉长收缩

肌肉进行缩短收缩和拉长收缩时调动的肌纤维数量不同。

肌肉收缩能让运动"刹车"

肌肉通过收缩向物体施力,产生加速度和动能,这是肌肉最基本的功能。肌肉收缩后不能自动恢复原状,只能借助它的搭档——拮抗肌来恢复,或借助重力作用实现伸展。这一点我已在第二章第01节进行过讲解。

肌肉的运动机制很简单,但它的作用不局限于加速负荷的运动、为运动提供动能。肌肉还有一个重要作用,就是帮助运动"刹车"。

举个例子,在跳跃时,起跳主要依靠股四头肌发力,但在实际运动中,跳跃运动并非跳起来就结束,身体在起跳后的腾空阶段不是借力向上,而是受重力影响而下落,最终降至地面。

身体在落地瞬间要承受体重5 ~ 10倍的巨大冲击力。如果身体全部接受这一冲击力，就会受伤，所以在落地时必须进行缓冲实现"软着陆"，能够帮助身体实现这一目标的正是肌肉。

和起跳过程"倒放"一模一样的着陆方式是最理想的状态，大腿肌肉发力产生反向运动，使身体恢复到原来的姿势，这样就不会给身体带来负担，是最自然的落地方式。

起跳和着陆的发力看似相同，肌肉的运动方式却不同：起跳时，肌肉在发力的同时缩短，叫作"缩短收缩"（向心收缩）；而着陆时，肌肉发力的同时还受到外力的作用而被拉长，这便属于"拉长收缩"（离心收缩）。请大家记住，拉长收缩是肌肉做减速运动时的状态。

为什么缩短收缩和拉长收缩时肌肉的运动方向相反

这时有一个问题出现了。在整个跳跃过程中，无论是起跳还是着陆，体重都是不变的。如果下落阶段只是肌肉缩短收缩的"倒放"，那么在起跳和着陆过程中，肌肉的发力过程应该相同，可是为什么运动方向却相反呢？

再举一个简单的例子，在持铃屈肘的哑铃抬升阶段，肌肉进行缩短收缩；动作还原时，如果肌肉突然完全放松，哑铃可能会撞到膝盖或者导致肘关节疼痛，所以一定要减慢运动速度，缓慢放下哑铃，这就是拉长收缩。

肘部位置固定不变，哑铃的抬升和还原速度也相同，这与跳跃动作类似，是一套前后相反的动作，就像幻灯片"倒放"一样。既然哑铃的重量和肌肉发力大小都不变，那么为什么前半段是向上运动，后半段却是向下运动呢？

肌肉在缩短收缩和拉长收缩时调动的肌纤维数量不同

实际上，肌肉在缩短收缩和拉长收缩时所调动的肌纤维数量不同。

继续举持铃屈肘的例子，假如此时肱二头肌中有100根肌纤维，抬升阶段用到80根，还原阶段只用到40根，参与的肌纤维数量减少使肌肉难以承载哑铃的负荷，哑铃就会慢慢回落到腿侧。

拉长收缩的特点是使肌肉发出较大的力。每根肌纤维的发力大小可以达到等长收缩时最大肌力的1.5 ~ 1.8倍。拉长收缩时，参与的肌纤维数量虽少，但每根肌纤维都能产生较大的力。

拉长收缩的本质是少数肌纤维竭尽全力发挥缓冲作用，但最终不堪重负时会被迫拉长。

所以，缩短收缩和拉长收缩的发力看似相同，肌肉内部的运动却完全不同。中枢神经系统游刃有余地控制这两种收缩，在哑铃抬升后的还原阶段，大脑想的不是动用拮抗肌，而是减少参与收缩的肌纤维数量。但如果参与收缩的肌纤维数量过少，哑铃就会"咣当"一声掉下来。所以为了使抬升和还原的速度刚好一致，大脑进行了恰到好处的协调。

哑铃抬升阶段属于缩短收缩，还原阶段属于拉长收缩，需要在施力缓冲的同时，使哑铃缓慢回落

速度提升的首要条件

肌肉的发力在提升运动表现中发挥着重要作用。

"力""能量""快速力量"

很多人都会将"力"与"能量"这两个词混为一谈。

例如，我们竭尽全力拉动背肌测力计时，脸会变得通红，脸部肌肉也会抖动（颤动）。有人认为这是输出了很多能量，其实不然，这个过程中确实有力的输出，但没有能量的输出。力学领域的能量输出是指"某种力作用于物体并在力的方向上移动一定距离"，用物理学术语表示叫"做功"。

功的计算公式为：功（W）＝力（F）×距离（S）。仅仅拿着一个物体，这不算做功，必须使物体在力的方向上匀速移动一定的距离才可以。通过"质量（m）×重力加速度（a）"，计算出力的值，再乘以距离（S），得出的结果才是肌肉消耗的能量。

力不一定表现为肉眼可见的移动，就像前面提到的背肌力，虽然发力了，受力物体却纹丝不动。但是力学上的能量释放必须伴随肉眼可见的物体移动。

如果不遵循上述原理，在肌肉收缩或进行肌肉训练时，就会错用能量的计算方法。肌肉产生巨大的力和输出巨大能量原本就是两回事，这一点一定要明确。

下面来讲"快速力量"（力学上的功率）。快速力量相当于汽车发动机的功率，表示一定时间内肌肉能释放多少能量。在需要爆发力的运动中，快速力量相当重要。快速力量的计算有些复杂，首先计算出距离对时间的微分，也就是单位时间内运动的距离，再与力相乘。距离对时间的微分（单位时间距离）就是速度，在肌肉发力大小不变的情况下，计算公式为：快速力量＝力 × 速度。

力与加速度

想要使物体移动，需要什么条件呢？肌肉即将开始运动时，负荷物处于静止状态，对于所有物体运动来说，速度都是从 0 开始递增，在达到一定速度之前，负荷物的运动速度是逐渐增加的。这里引入一个新的概念——加速度。

力（F）＝质量（m）× 加速度（a），这是牛顿第二运动定律的计算公式，大家可能在高中时都学过。当质量（m）

不变时，速度＝加速度 × 时间，所以加速度越大，一定时间内物体的运动速度增加得就越快。

如果某项体育运动对速度有较高的要求，那么加速度的大小就非常重要。如铅球运动，铅球的质量不变，铅球能产生多大的加速度就成为关键问题。有些球类运动还对发球的动作做出规定，如必须先跑动数米后才能投球，所以为了完成规定动作，必须具有一定的加速度。有的运动会对动作完成的总体时间做出规定，此时加速度也必不可少。还有些运动需要在零点几秒内达到某一速度标准，这更要求运动员的肌肉能产生巨大的加速度。力（F）＝质量（m）× 加速度（a），在质量不变的情况下，力与加速度成正比，要使加速度增加，必须增加力的值。

力产生速度

曾有一段时期，人们认为在实际运动中力与速度没有关系，即使肌肉经过训练后发力增加，也不会提升速度效果，现在有些教练员可能还抱有类似想法。

但从物理学角度看，这一观点并不正确。肌肉发力大小与物体移动速度之间关系密切，力是产生速度的第一要素。想要提升运动表现，一定要牢记这一规律。

截至目前，还没有任何一项比赛会比较运动员背肌力的大小，很多比赛的目标是展示最好的运动表现。所以归根结底，运动速度是一个关键点。

如果一位运动员的速度很快意味着他的快速运动能力较强。对于弹跳而言，离地瞬间的速度至关重要。也许有人会为了跳得更高而减轻体重，但跳跃高度的决定性因素是离地速度，与体重几乎没有关系。无论是胖子还是瘦子，只要离地速度相同，跳跃高度就相同。

田径运动员及教练员们，请牢记这一点吧。

对于弹跳而言，离地瞬间的速度至关重要

肌力与姿势的关系

在发力姿势得当的前提下，每块肌肉都可能发挥出最大潜力。

肌腱复合体

从本节开始，我们将深入探讨肌肉的特性。首先是静态特性，也就是肌肉在进行等长收缩时的特性。

在此之前，需要做一点说明。

从严格意义上讲，人的实际运动中不存在绝对的等长收缩。这是因为肌肉两端与肌腱连接，肌腱是一种类似细绳的构造，虽然表面看似长度固定，但还是会产生少许的伸展性。

如果把肌腱想象成手帕，就容易理解了。手帕的纺织纤维纵横交错，本身是不能伸缩的，但如果斜向抻拉的话，还是能够稍微变长的。肌腱由胶原蛋白组成，而胶原蛋白的结构与手帕非常相似。

运动表现包括运动的发力、速度等，肌腱的作用不可忽视。近期与肌肉收缩有关的研究中，研究人员经常用到"肌腱复合体"一词，越来越多的人将肌肉和肌腱作为整体来探讨其特性。

虽然如此，如果直接讲解肌腱复合体的复杂运动，想必难以理解。对于肌腱复合体大家了解即可，现在我们只探讨肌肉本身的特性。

姿势影响肌肉发力的大小

通过肌肉的等长收缩测量肌力是一种传统的测量方法，如背肌测力计、握力计就是利用了这一原理。背肌测力计、握力计能以数值的形式快速、直观地展示肌力大小，这类测力计在学校很常见。

令人遗憾的是，尽管很多人参与了测量，但得到的数据未必都有效。准确来说，这些数据的实用性和有效性不足。这是因为缺乏统一的测量标准，测得的数据总是在变化。

想要测得准确数据，必须对发力姿势做出严格规定。如果不对受试者的发力姿势进行限定，这样测出的背肌力数值就不准确。所以，某些部位肌肉的发力到底该如何测量，这些问题可能尚未得到重视。

为确保肌力的测定值准确，一定要对发力姿势做出严格规定。事实上，有研究数据表明（见图2.3），随着髋关节角度的变化，背肌力测定值也在变化。由此可知，在测量背肌力时，仅仅是力的方向发生变化，也会对测量结果的准确性造成影响。并且测量背肌力时的动作属于复合多关节动作（可能仅使用腰椎的单关节动作才是最理想的发力动作，但腰椎本身就是复合关节，所以还是描述为"复合多关节动作"更为准确），因此这个问题就更复杂了。

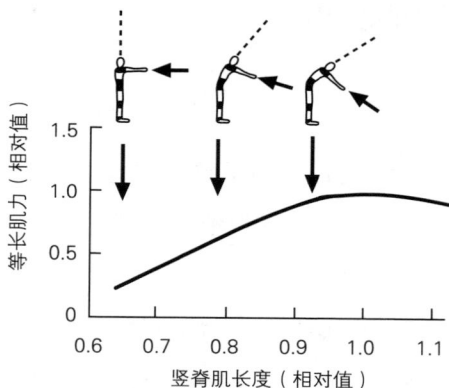

图2.3　髋关节角度变化时竖脊肌长度与等长肌力的关系

　　如果测量背肌力时能统一测量标准（如充分伸展膝关节、腰椎角度严格规定为30度等），那么测得的数据质量将得到提升。但就目前的器械状况而言，统一标准执行起来困难重重。

肌力大小与关节角度

通过研究肘关节屈曲这一单关节动作可以发现，随着关节角度的变化，肌力会呈现巨大差异（见图2.4）。虽然个体条件不同，但是在肘关节屈曲110度（完全伸展为180度）时，肌力数据通常会达到峰值；继续伸展或屈曲肘关节，肌力数值都会下降。充分理解肌肉的这一性质非常重要。

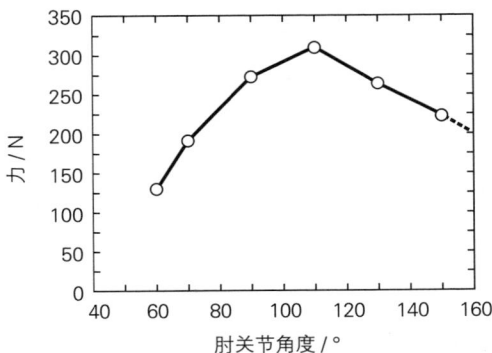

图2.4 肘关节角度与肘关节屈曲力的关系

在体育运动中，我们希望调动全身肌肉，所以经常需要带动各类关节运动。每个关节都具有最大发力的理想角度，各关节在最佳角度下发力的总和就是肌肉所能发出的最大肌力（诚然，从整体运动表现的角度来看，最大肌力并非力的单纯叠加）。

要使各关节都处于适当的位置，并充分发挥各自的功能，从整体角度来看，姿势起到了非常重要的作用。如果发力姿势得当，每块肌肉都可能发挥出最大潜力。

这不仅适用于竞技运动领域，也适用于普通人的日常生活。比如推东西时，双脚打开的方式、膝盖弯曲的方式、弯腰的角度、肩部和臂部的动作等多要素共同决定着最终发力的大小。虽然不能说有最佳发力姿势，但一定有无限接近最大发力的姿势。越是接近这一姿势，发力效果就越好。

人们推东西时的常用姿势是经过多次尝试和反复摸索而来的，总体差异不大。然而在漫长的人类历史进程中，之所以能得出这一结论，都是基于"关节角度决定肌肉静态发力能力"这一原则。

肌力为何随关节角度的变化而变化

任何肌肉在达到最适长度时，都可能产生最大肌力；越偏离最适长度，肌力越小。

电动机无法模拟的肌肉收缩机制

上一节提到，随着关节角度的变化，肌力会呈现巨大差异。明明是同一块肌肉，为什么会出现这么大的差异呢？本节将揭晓答案。

假如有人的肘关节受伤不能运动了，你想为他安装一个人工关节，使其肘部恢复运动功能。最简单的方式就是在他的肘部植入一台电动机，但是电动机的力和速度基本是固定的，所以人工关节参与下的手臂发力就与关节角度没有关系了。无论什么姿势，发力大小都是相同的。

但人体并非如此，肌肉与单纯的电动机在特性上有很大的差别。

提到肌肉收缩机制，我们首先想到的可能是一根根的肌纤维。肌纤维聚集起来形成肌束，而肌肉又是由肌束构成的，所以肌肉的特性基于肌纤维的特性。

肌纤维随关节角度的变化会如何变化呢？答案是长度发生变化。以肘部屈肌为例，肘部屈曲角度越大，与上臂几乎呈平行走向的肌肉长度就越短；随着肘部的逐渐伸展，肌肉也越来越长。可以看出，改变肌纤维的长度，肌肉的最大等长张力确实也会发生变化（谈到肌纤维，我们的常用术语是"张力"而非"肌力"。严格来讲，张力等于单位截面面积上力的大小）。

肌纤维的张力随肌纤维长度的变化而变化

对于正进行等长收缩的肌肉来说，其力的测量十分困难，这一点在前一节已经说过。但是在肌纤维层面，张力大小就与姿势无关了。在实验中，纯粹的肌纤维等长收缩是完全可以做到的。

如果只提取一根肌纤维，通过电流刺激使其产生最大张力，通过传感器和电动机来监控和调整肌纤维的长度。当肌纤维想要收缩时就将其拉长，想要伸展时就将其缩短，使肌纤维一直保持固定长度（肌节是肌肉收缩的单位，从严格意义上讲，该方式是通过肌电反馈使肌纤维的长度保持不变）。通过特定的器械（伺服系统或反馈控制器）提供给肌肉进行完全性等长收缩的实验条件。从结果来看，肌纤维的张力的确随长度的变化而变化。

人体肌纤维层面的研究开展起来较为困难，所以过去大家经常用蛙类的肌纤维来做实验。实验结果见图2.5，当肌节长度为2 ~ 2.2 μm时，张力达到最大；当肌节长度在此范围之外时，张力都会减小。

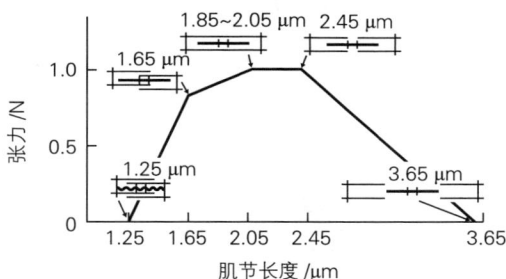

图2.5　肌纤维长度（肌节长度）与张力的关系

肌节的最适长度

肌节的最适长度是指肌纤维产生最大张力时肌节的长度。肌节的长度与肌纤维的长度成正比，肌节的最适长度是最有利于肌纤维发力的长度。

人类的肌节长度比蛙类的长。对于人类来讲，肌节长度在2.5 ~ 2.7 μm时达到最佳发力状态。虽然不同部位的肌纤维类型不同，不能仅凭一个绝对值一概而论，但总体上差别不大。

为什么会存在最适肌节长度呢？要回答这个问题，还要从肌纤维的构造讲起。

从微观角度来看，肌肉收缩通过肌纤维中的粗、细两种肌丝相对滑动产生。从肌纤维横截面图（见图2.6）可以看出，Z膜是一种膜状结构，细肌丝中央借助Z膜固定，向左右伸展，两个Z膜的中部由粗肌丝填充，肌节就是两个Z膜中间的构造（肌节由无数个紧密贴合的肌原纤维构成）。

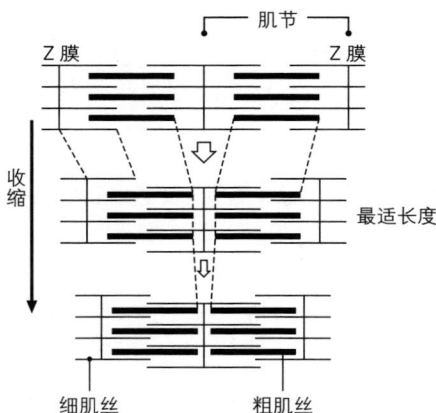

图2.6　肌纤维横截面图

"滑动说"认为，当细肌丝在粗肌丝之上沿某一方向滑动时，就会产生收缩。

当粗、细肌丝的重叠长度最长时，发力最大；当重叠长度减小时，粗肌丝与Z膜相撞，产生回弹力，发力也会相应减小。

大部分肌肉都会在达到最适长度时产生最大肌力，当偏离最适长度时肌力相应减小。

关节角度与发力能力的关系

肽部伸展虽然增加了肱二头肌的发力，但削弱了肘关节转动的力，最终表现为小臂的缓慢下落。

肱二头肌发出的力可转化为肘关节转动的力

前面我们讲到，在等长收缩时，肌肉的最大肌力会随肌纤维长度的变化而变化，那么这一特性适用于宏观运动或肌肉本身吗？答案是不适用。不是所有情况都适用，这就是肌肉收缩的有趣之处。我们还重点讲解了肌肉促使关节活动的力。参考实际运动，肌肉不能使关节360度转动，而是横跨在关节两侧，通过收缩带动关节的转动。另外，肌肉收缩属于直线运动，而关节的运动属于旋转运动。所以，肌肉的直线发力可以通过某种机制转化为关节转动的力。

在肘关节完全伸展的情况下（解剖学中的0度），关节伸展方向与肱二头肌的走向几乎相同，所以无论肌肉如何发力，关节都难以弯曲。即使挤压关节的力很大，回转力也很小。

但实际上，从水平角度来看，肱二头肌的附着点位于肘关节旋转中心偏上的位置，所以即使肘关节完全伸展，仍然可以产生些许与关节转动方向相同的力。即使关节只进行轻微的屈曲，部分肌肉的力还是会转化为回转力，肘部就这样一点一点地弯曲回来。

肱二头肌发力的最佳效果出现在肘关节弯曲90度时，此时肱二头肌发力的方向与小臂垂直，是力损耗最少的状态。假设肱二头肌保持同一力度持续发力，从理论上讲，肱二头肌的发力与肘关节角度应该呈左右对称的正弦曲线关系。肘关节角度为0度时，肱二头肌的发力接近0，随后力随着角度的变大而变大，当角度为90度时力达到峰值，接近180度时力又变回0。

小臂方向与肱二头肌发力方向之间的夹角是影响实际发力的重要因素。总体来说，直线型肌肉收缩与关节转动间力的转化，以及肌纤维长度，这两个因素的共同作用使屈肘时肌肉的发力发生了变化。

实际运动中只需肌肉小范围活动

现在我们来看一下肘部肌肉伸展时能发出多大的力。关节角度越大（肘部的伸展程度越大），肱二头肌的发力越大，见图2.7。但与此同时，用于关节旋转的力变小。所以整体来看，关节角度超过90度之后，力会逐渐减小。

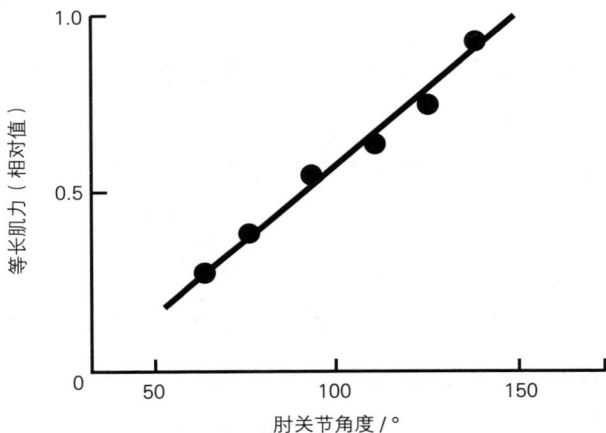

图2.7　以肱二头肌为例看肘关节角度与等长肌力的关系

前一节我们从肌纤维的长度与张力关系图可以看出，两者的关系呈"山"形。但在图2.7中，关节角度与发力之间呈单调递增关系，这说明实际运动中只需要肌肉小范围活动。

如果将肌纤维从人体中取出并抻拉，它会变得很长。人体肌肉的实际运动范围非常小，由此我们推测，当肌肉伸展到能发出最大肌力的长度时，肌肉的保护机制就开始发挥作用了。

"越伸展肘部，肱二头肌发力就越大"的原因

从构造上讲，肘关节不可能弯曲180度，也就是对折，但反过来却完全可以。肘关节完全伸展对肌肉发力极为不利。不管肌肉发出多大的力，发力方向都与压缩关节的力方向一致，很难发出促使关节转动的力。

如果肘关节角度达到90度左右，肌肉也伸展到了最适长度，继续进行关节伸展，肌力就会变小。肌肉越是处于不利于发力的状态，发力能力就越强。

从以上动作组合来看，上述机制是说得通的。越是伸展肘部，肱二头肌的发力就越大，而用于关节转动的力会变小，两种力此消彼长。如果肘关节恒定发力的话，反而不利于保护关节。

我们的肌肉和关节的构造非常有利于日常生活和运动。从这个角度出发，我们不得不认为，人类的身体结构可谓相当完美。

第三章

在实际运动中发挥肌肉的力量

肌肉的动态特性

肌肉与电动机的原理基本相同，有的速度慢、力大，有的速度快、力小。

某些体育运动的速度比力重要

在前文中，我们讲解了肌肉的静态特性。研究肌肉的静态特性可以较好地理解肌肉的发力机制，它是一个有助于数据采集的指标，在研究领域经常用到。

但在实际运动中，几乎没有哪个场景需要静止状态下发出巨大的力。从体育运动的质量和强度出发，速度比力重要得多。肌肉能以多快的速度收缩（肌肉的"动态特性"）非常重要。

我们可以将肌肉想象为电动机，如果想让汽车模型跑起来或让风扇转起来，必须根据不同功能选择相应动态特性的电动机。电动机的动态特性是指扭矩与旋转速度的关系，简单来说就是"力"与"速度"的关系，这一点会展示在电动机的参数表中。

电动机有很多种类，有的转速快、动力小，有的转速慢、动力大。如果要购买一台普通的直流电动机，最好将需求动力控制在机器最大动力或最大速度的1/2左右。

电动机的力与速度关系的测定方法很简单，只要连上电源，让它转动就可以了。此外，还可以增加负载，再来观察旋转速度的变化。直流电动机负载增加（扭力加大）时，速度会缓慢下降，最终停止转动。停止瞬间的力称为最大扭矩，相当于肌肉的最大等长肌力。

相反，电动机无负载时转速最快（无负载速度）。图3.1就是典型的直流电动机扭矩与旋转速度的关系图，在扭矩增加的同时，速度会直线下降。从电动机性能上考虑，还是选择扭矩和旋转速度都处于中间范围的机器为佳。

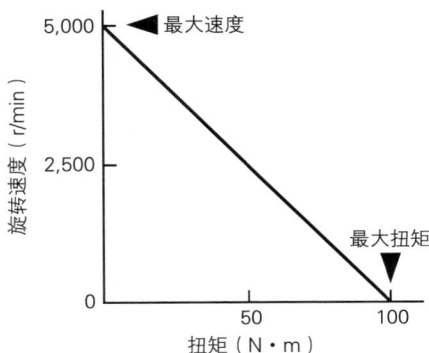

图3.1 直流电动机的扭矩与旋转速度关系模式图

肌肉收缩时力与收缩速度的关系

　　肌肉与电动机的原理基本相同，有的速度慢、力大，有的速度快、力小。当我们思考如何训练肌肉才能达到理想状态时，不能只考虑力，还要考虑速度。

　　让我们尝试研究一下肌肉的力与速度的关系。增加肌肉负荷，肌肉速度会发生怎样的变化呢？一直以来，我们都通过研究肘部屈肌（肱二头肌）来回答这个问题。在不同的负荷条件下，要求受试者尽力完成肘部屈曲动作，并测试当时的速度。随着负荷的逐渐增加，屈曲速度会缓慢下降，最终停止运动。图3.2是基于我们的实验得出的结果。

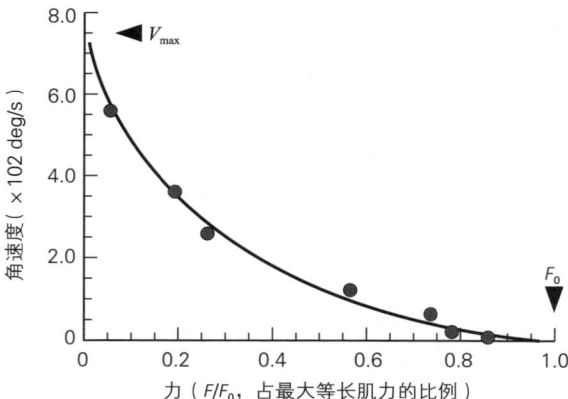

图3.2　人体肘屈肌的力与角速度关系的测量结果

曲线关系是肌肉收缩的典型特征

由图3.2的曲线走向可知：负荷越小，曲线走势越陡峭；随着负荷的增加，曲线走势渐趋平缓。这一点与直流电动机不同，直流电动机呈直线型下降，而肌肉则呈现为一条向下凹的曲线。当速度为0时，肌肉所承载负荷的力就是最大等长肌力（F_0）。

当负荷为0时，肌肉的收缩速度称为"最大缩短速度"（V_{max}）。但是在重力作用下，很难做到0负荷，在此我们根据曲线向负荷为0不断延伸的趋势，推测负荷为0时的速度。

事实上，力与速度之间的曲线关系是肌肉收缩的典型特征。除了人类，还包括贝类、昆虫、蛙类等，至少我研究过的动物肌肉都具备这一特性。我们还研究了肌肉收缩的动力之源——肌球蛋白，发现它也具备这一特性。

该如何解释这一特性呢？又如何在技术练习和肌力训练中充分利用这一特性呢？处理好这两个因素之间的关系，对于提升竞技能力具有举足轻重的作用。

肌肉的快速力量

负荷强度为最大肌力的30%～35%时可发挥最佳肌肉性能。

一般来说，物体不移动，肌肉便不做功

在前文中我们讲解了肌肉的动态特性，也就是力与速度的关系。本节我们主要探讨这一关系引发的话题——肌肉的快速力量。在实际运动表现中，"快速力量"发挥着非常重要的作用。

在举起物体（使物体移动）的过程中，从运动方式上看，肌肉要经历从等长收缩到缩短收缩的变化。当到达某一临界值时，能够举起这一物体，这时发出的力就是肌肉的最大等长肌力。这时减轻物体的质量，举起物体的速度会缓慢增加，在这一过程中，肌肉又进行了缩短收缩。

由于肌肉发出最大等长肌力时的运动速度为0，所以此时没有产生能量消耗，而是进入了一个特殊的状态，虽然发

力了但没有做功。从力学角度出发，这种状态下肌肉无论如何发力都不会产生疲惫感（其实是以热能形式产出了能量，这部分内容将在第四章第01节进行说明）。

肌肉在缩短收缩过程中，做功大小由肌肉发力大小与物体在力的方向上移动的距离决定。始终向物体施加相同的力，并使物体匀速发生一定距离的移动，肌肉做功大小可以通过"力 × 距离"求得。肌肉负荷越大，做功越大；肌肉负荷越小，做功就越小。当肌肉负荷变为0时，运动速度最快。虽然此时的速度很快，但是因为力变为了0，所以做功也为0，即只发力而物体没有移动，肌肉便没有做功。

负荷强度为最大肌力的30% ~ 35%时，快速力量达到峰值

让我们来计算一下肌肉的快速力量（功率）吧。肌肉的快速力量（功率）是指肌肉在单位时间内做功的大小，最直接的计算公式为：力 × 距离 ÷ 时间。力的大小与时间无关，假设肌肉发力不变（等张条件下），公式可变为：力 ×（距离 ÷ 时间），"距离 ÷ 时间"即速度，所以最终导出公式：肌肉的快速力量（功率）＝力 × 速度。

前一节提到的力与速度的关系图（图3.2）中，只要明确了两者的曲线关系，再以力为横轴、以速度为纵轴，就能得到

力与快速力量的关系图（见图3.3），这是一条向上凸起的抛物线。由图可知，当肌肉发出最大等长肌力时，力虽然最大，但速度为0，所以快速力量（功率）为0；而在无负荷状态下，虽然速度达到最大，但力为0，快速力量（功率）也为0。

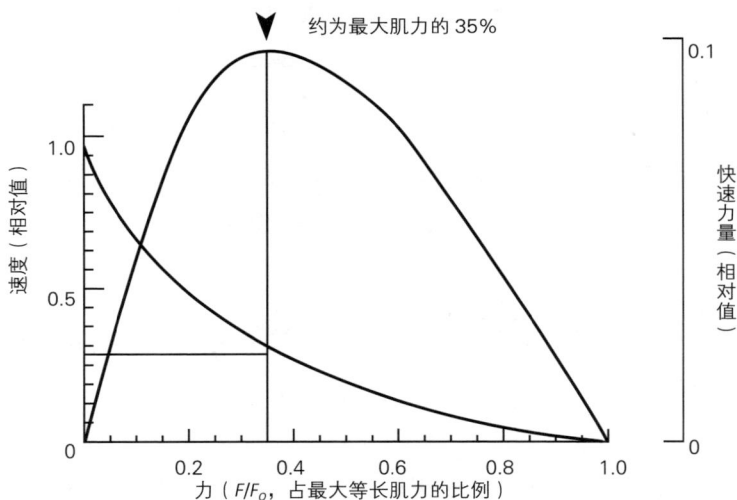

图3.3 通过人体力与速度的关系得出力与快速力量的关系

诚然在复合多关节运动中，参与运动的肌肉增加导致情况比较复杂。但是对于屈肘、伸膝这些单关节运动，力与速度之间可以形成清晰的曲线关系。由此可知，当力达到最大肌力的30% ~ 35%时，快速力量达到最大，这是所有肌肉的共同特性。

如何充分发挥肌肉性能

想要高效地利用肌肉这一"发动机",充分发挥肌肉的性能,从工程师角度来看,施加的负荷强度为最大肌力的30% ~ 35%时,效果最佳。

如果想要充分发挥肌肉的性能,就需要肌肉的快速力量大,也就是说,肌肉要在一定的时间内做很多功。"自行车发电机"实验就是一个直观的例子。为节约能源,我们通过蹬自行车的方式满足全家的用电需求。想要提高电量供应,阻力最好设定为骑手最大肌力的30% ~ 35%。既不能让脚蹬过轻速度过快,也不能让脚蹬过重发力过慢,脚蹬重量约为骑手最大肌力的1/3时,整体效果最佳。

想要为某台机器搭配合适的电动机,也要按照这种方式。电动机的力与速度关系与肌肉不同,它不是曲线而是直线关系。电动机的最大功率大约出现在电动机最大扭矩的50%时,所以想要找到理想的电动机,就要将电动机的最大扭矩设定为需求力量的2倍。

如果以人力为动力,其基本策略与选择电动机相同。机械运转所需的动力与人体最大肌力的比例为1∶3时,情况最为理想,所以要么挑选一个拥有3倍需求动力的人,要么提升现有人选的肌力,使其最大肌力达到需求动力的3倍。

如何增加比赛时的快速力量

想要挑选真正合适的汽车发动机，要看这个发动机在多大的转速下产生多大的动力。

增加最大快速力量

前面提到要充分发挥肌肉性能，就要把负荷设定为最大肌力的30% ~ 35%。当负荷约为最大肌力的1/3时，快速力量达到最大。所以为了增加最大快速力量，可能有人萌生了负荷训练的想法，并将负荷设定为最大肌力的1/3左右。

研究表明，将负荷设定为最大肌力的1/3或更小并进行速度训练后，最大快速力量会有所提升。最大肌力虽然没有大幅提升，但瞬时力量却得到了增强。

这又是为什么呢？目前学界认为，虽然肌肉本身没有发生变化，但控制肌肉的神经系统特性可能发生了变化。例如，在低负荷状态下调动更多的肌纤维，或者使肌肉运动得更快，或者形成一种提前调动快肌纤维的机制。无论是哪种

可能，低负荷下的速度提升都可以使最大肌力30% ~ 35%
范围内的快速力量有所增加。

假如只想单纯地增加最大快速力量，这个方法是合乎情
理的。如果忽略快速运动导致的动力不足，低负荷速度训练
确实是最好的方式。

最大快速力量未必具有实用性

说到这里，大家可能会产生一个误解：既然30% ~ 35%
的负荷训练可以增加最大快速力量，那么所有训练都在这一
负荷状态下进行，效果岂不是最好？

快速力量大确实可以向受力对象施加更大的力，所以增
加最大快速力量意义重大。然而上述方式只关注快速力量的
最大值，如果某一比赛项目只比拼最大快速力量，这可能是
最佳训练方式，但实际的体育运动项目并非如此，有的项目
需要运动员在高负荷下发出较大的快速力量；有的项目需要
运动员在不断变化的负荷下持续发出力与速度。无论最大快
速力量多大，也不过是肌肉性质表中的一个数值罢了，本质
上与汽车发动机的额定功率标识没什么不同。

发动机的功率一般用"马力"[①]表示，实际上额定功率是

---

① 功率的非法定计量单位。在标准重力加速度下，即每秒钟把75 kg的
物体提高1 m所做的功。

在特定条件下产生的。如果发动机上标识为"280马力"，说明在最理想状态下它的功率能达到280马力。但有的发动机虽然最大功率只有200马力，却在各种条件下都能稳定地输出200马力的动力。因此，相比限定条件下的280马力发动机，能够稳定输出200马力的发动机更为实用。所以，挑选合适的发动机，必须看它在多大的转速下产生多大的动力。

提升多场景下力与速度的展现能力

肌肉与发动机一样，如果只能在最佳条件下发出较大的力与速度，条件变了效果就大打折扣，其结果可想而知。立足于力与速度的整体关系，实现高水平的力与速度的发挥，拓展发挥范围至关重要。无论是高负荷还是低负荷，只有在各种条件下都能充分展现出速度和力量，运动员才能应对运动中出现的各种情况，这比单纯增加最大快速力量重要得多。

具体来说，如果在约为70%的1 RM肌力负荷下进行训练，在肌肉变粗的同时，肌力也会得到增强，可以在更多情况下展现出良好的速度和力量。虽然人的速度、低负荷下的最大快速力量几乎没变，但高负荷状态下的快速力量却得到了大幅提升。在提升基础肌力训练的基础上，安排一项低负荷速度训练，就可以增加最大快速力量了。按照这样的训练顺序，一定可以得到更理想的训练效果。

想要提升运动表现，最重要的是按照实际需求制订适当的负荷训练计划。

体育运动中最重要的是各种情况下都能展现出快速力量

拉长收缩（一）

肌肉进行拉长收缩时会受到神经系统的抑制。

拉长收缩时，肌纤维的发力可达最大等长肌力的2倍

前面讲解的内容是在等长收缩和缩短收缩条件下肌肉产生力量和速度的能力。但众所周知，肌肉运动不只包括这两种类型，肌肉发力时也可能被更大的力拉长，这就是拉长收缩。这一节就为大家讲讲肌肉拉长收缩时会发生什么。

研究肌肉收缩时，既要从单根肌纤维的角度考虑，也要考虑肌肉整体，我们先从比较简单的肌纤维讲起吧。

如果向肌纤维施加超过其最大等长张力的力，肌纤维就会因无力抵抗而被拉长。此时力与速度的关系见图3.4，当速度变为负值时，肌纤维开始拉长收缩。虽然肌纤维处于拉长状态，但实际发力的大小仍随外力的增加而增加。肌纤维如果被外力强制拉伸，就会发出比平时更大的力。具体来

说，可达到最大等长肌力的1.8 ～ 2倍。肌纤维在一定限度内可以被拉长，但一旦超过某一限度，发力便不再增加。

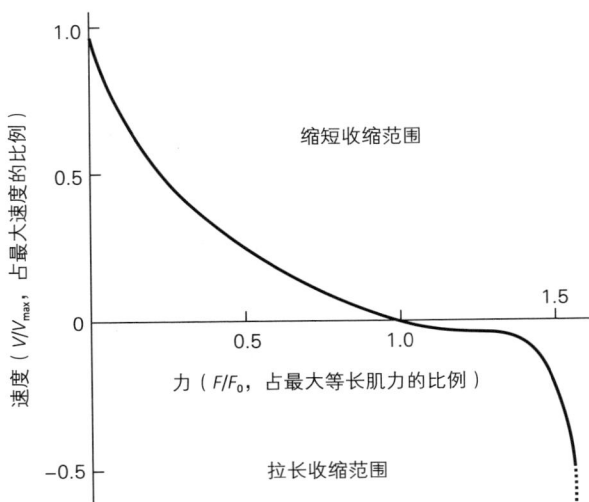

图3.4　过大负荷下肌肉的力与速度关系模式图

为什么肌纤维在拉长收缩时的发力能达到等长收缩时的2倍呢？这归因于肌肉收缩时的分子层级构造——肌动蛋白和肌球蛋白的相互作用，这一部分我们将在第三章第07节讲解。

整体来看，肌肉拉长收缩的临界值比想象的低

现在我们不从单根肌纤维的角度而是从肌肉整体的角度

来研究拉长收缩。

　　肌肉是肌纤维的集合体，所以从本质上讲，拉长收缩时肌肉会与肌纤维出现相同的反应。肌肉被强制拉长时可以发出更大的力，而运动速度却像踩了刹车一样慢下来。此时肌肉会发挥潜力，理论上发力可达等长收缩时的2倍左右。

　　但实验发现，拉长收缩时的实际发力达不到等长收缩时的2倍，这又是为什么呢？因为如果真的达到2倍，可能会给肌肉带来巨大损伤，还可能导致肌腱或韧带撕裂等。所以，当肌肉突然被拉长不得不过度发力时，神经系统会发挥抑制作用，以减少被调动的肌纤维数量。这样一来，最大肌力通常会降到预想值以下，肌肉会更快地达到发力极限。

　　我们曾进行过肘部屈肌（肱二头肌）的拉长收缩实验，得出了1.5倍的平均值，很多人的肌肉发力会在达到最大等长肌力的1.5倍时达到极限。但是在实验过程中，受试者呈现出巨大的个体差异，有的人很快达到了极限，有的人却能坚持很长时间。这可能是因为，在肌肉活动中有的人神经系统的抑制作用产生得早，有的人则产生得晚。

达到极限慢的人受伤的风险大

　　由上述内容可知，肌肉在拉长收缩时可发出更大的力。例如肘部屈曲的单关节动作，肌肉在拉长收缩时，可发出最大负荷承载力（1 RM肌力）1.3 ~ 1.4倍的力，所以即使举不起某个哑铃，大家也能慢慢地将其放下。

但是如果拉长收缩涉及多种肌肉的复杂运动，发力临界值可能达不到1 RM肌力的1.3 ~ 1.4倍。推举类复合多关节运动最多可达到1.2倍，1.3倍真的很难达到。对于腿部肌肉来说，抑制作用会发生得更早。在多数情况下，膝关节伸肌等肌肉的最大发力也不过比自身最大等长肌力大10%左右。

大块肌肉发力过大更容易出现肌肉损伤，所以当这些肌肉运动时，抑制机制会更早地发挥作用。这也许是由神经反射引发的，但我们还未能准确掌握它的作用机制。我们推测，当肌肉发力超过一定限度并持续时就可能受伤，所以从安全方面考虑，神经系统会使临界值提前到来。也就是说，这种情况下肌肉抑制机制的阈值设定会比预想值低。

如前所述，在身体不同部位的肌肉中，神经系统的抑制机制发挥作用的早晚不同，而且有的动作会使抑制机制更容易发挥作用，有的则比较难。抑制机制发挥作用的难易程度也因人而异，不能简单地以数值一概而论。但有一点可以肯定，那就是当肌肉拉长收缩时，特别能坚持的人（抑制机制不易发挥作用的人）受伤的风险更大，更容易出现肌腱断裂等损伤，所以一定要更加小心。

拉长收缩（二）

如果在放下负荷物时只使用30%的肌纤维，那么肌肉整体可能不会感觉特别费力，但参与运动的肌纤维发力却较为充分。

缓慢抬升负荷物时肌肉内部的运动

前一节讲到肌肉在超负荷（拉长收缩）状态下的发力方式，这一节我们继续探讨这一问题。

超负荷是指向肌肉施加的负荷强度超过了最大等长肌力，导致肌肉被拉长。在这个基础上继续强行拉长肌肉，有的人脑海中可能会浮现这一场景：一个人缓慢放下一个对他来说过重的杠铃。但从肌纤维角度来看，无论是举起杠铃、哑铃，还是放下它们，肌纤维的收缩形式一般都是相同的。

只要肌肉承载的负荷强度低于最大等长肌力，就会发生缩短收缩，负荷物抬升，而且此过程中的抬升速度可控。例如，举起一个重力为最大等长肌力50%的杠铃时，如果我们使出全部力量，杠铃的抬升速度就会相当快。

还是刚才那个杠铃，如果我们特意缓慢地抬升杠铃，又会发生什么呢？

肌纤维的调动数量会发生变化。身体不是通过减小每根肌纤维的发力来控制力的大小，而是通过减少参与运动的肌纤维数量来实现对力的控制。如果调动的肌纤维数量由100%变为70%，就单根肌纤维而言，所承载的负荷相对变大，因此负荷物的抬升速度会变慢，负荷由参与运动的每根肌纤维均等承受。

肌肉整体和单根肌纤维面临的情况差异巨大

放下负荷物时，肌肉运动大致与抬升时的原理相同。当承载的负荷强度为最大等长肌力的50%，而用100%的力抬升时，负荷物就会上升。如果想要停止负荷物的继续上升而使其下降，身体会根据所需的下降速度来减少肌纤维的调动数量。当减少50%的肌纤维时，负荷物的运动会从上升变为静止，继续减少肌纤维，负荷物就会缓慢下落了。

负荷物的缓慢下落需要更大的力量支撑，当负荷量不变时，参与运动的肌纤维越少，下落速度就越快；参与运动的肌纤维越多，下落速度就越慢。大脑在决定下降速度的同时，也会决定肌纤维的减少数量。

如果放下负荷物只调动了30%的肌纤维，那么肌肉整体上可能不会感觉特别费力，但参与运动的肌纤维发力却较为充分，这就是"超负荷"运动的效果。

负荷物的下落速度对承载重量的肌纤维的运动几乎不产生影响，负荷物的重量也是同理。当负荷物减轻时，肌肉整体上会感觉轻松，但对于那些在减速的同时竭力承载重量的肌纤维而言，它们却承载着超过最大等长肌力的负荷，强行拉长给它们带来了较大的力学刺激。我们可能从来没有意识到，在同一情况下，单位肌纤维和肌肉整体的处境竟然有如此大的不同。

虽然肌肉整体在运动，但不参与运动的肌纤维处于休息状态

肌纤维调动数量的减少意味着有的肌纤维不需要参与运动，处于休息状态，发力为0。即使肌肉整体在运动，其中每一根肌纤维的运动状态也可分为"0"或"1"，能用数字系统进行区别（仔细来看，身体也表现出类似模拟频率的肌肉运动控制方式，具体请参照第五章第03节）。

为了便于理解，我们以运动会中的拔河项目为例进行讲解。例如，参与比赛的A、B两队各有50人，大家互相僵持，同时向己方阵营发力，此时的状态相当于肌肉的等长收缩状态（假设所有人的发力大小相同）。如果A队的人数减少为

40人，显然B队会将绳索浮标拉向自己一侧，而此时B队就相当于进行了缩短收缩。

A队人数已经减少为40人，他们在发力的同时被一点点拖向B队。如果把A队人数再减少10人，即使所有人的发力大小还跟之前完全相同，也只能被更快地拉向对方。肌肉内部也会进行类似的肌纤维数量的调整。

下坡时，人体需要承载的负荷对肌肉整体来说不算大，但此时参与下坡运动的肌纤维数量较少，且反复进行拉长收缩。对于这部分肌纤维来说，它们的运动量可谓"巨大"，所以受到的损伤也较大，这就是"下坡比上坡更容易引发肌

即使肌肉处于发力状态，也会有部分肌纤维不参与运动

肉疼痛"的原因。

不过迄今为止，我们还不知道这些不参与运动的肌纤维是根据什么标准选择的，也不知道身体如何区分它们。可能因为这种机制能使一部分肌纤维在变弱时休息，把运动的"接力棒"传递到另一部分肌纤维手中。但这一猜想是否正确还有待今后的研究证明。

不同肌肉类型间基本性质的差异

蚊子、苍蝇挥动翅膀所用的肌肉是世界上动作完成速度最快的肌肉。

肌肉的长度与张力关系随肌肉类型不同而变化

到目前为止，我们所提到的肌肉基本性质都不限于人类、鼠类、蛙类或更低级的动物类别，甚至是促使内脏等器官运动的平滑肌，也具有相同的性质。

但不同类型肌肉的具体特性的确有很大差异。例如，张力随肌肉长度的变化而变化，从长度与张力的关系来看，平滑肌这种构造不清晰的肌肉更能在较大的范围内发力。这里所说的"构造不清晰"是指肌节作为肌肉收缩的单位，它的排列并不规则。肌节中的粗肌丝和细肌丝在规则排列的情况下会呈现条纹状，但是平滑肌的肌丝排列相对杂乱，不呈条纹状。

由于没有明显而规则的肌节，平滑肌具有较大的伸展性。被拉长时，平滑肌整体的拉伸幅度不等。当平滑肌被强力抻拉时，它的长度会变得极长；当平滑肌收缩时，它的长度会变短很多。也就是说，平滑肌在被拉得很长或缩得很短时都能发力。根据平滑肌所在部位的不同，其被压缩的最短长度和被拉长的最长长度之差可达10倍之多。例如胃囊的收缩，在食物进入时，平滑肌被拉长，胃囊会膨胀得很大；而空腹状态下，平滑肌收缩又使胃囊大小恢复如初。

另外，对于骨骼肌、心肌等横纹肌（因肌节排列呈规则的横纹状而得名）来说，最多也只能被拉长到原来的2倍左右，而且是肌纤维的变长，横纹肌整体并不能被拉长2倍。与平滑肌相比，横纹肌的肌肉伸缩范围确实很小。

不同肌肉类型的"力与速度关系"也不同

再来看肌肉的"力与速度关系"。本章第01节提到，肌肉的力与速度呈向下凸出的曲线关系：当力增加时，速度减小；在力达到某值后，速度变为0（等长收缩）。曲线呈现的力与速度的关系不会随肌肉类型的变化而改变，无论是平滑肌还是横纹肌，所有肌肉都具有相同的力与速度关系特性。

但是当负荷为0时，不同肌肉间的收缩速度会出现差异，这主要是由控制肌肉收缩的肌球蛋白的性质决定的。平滑肌从分解能量之源ATP开始，到产生力量为止，整个周期很长，所以它在负荷为0时的速度较慢。

这里所说的"较慢"，意味着平滑肌进行缓慢的收缩发力时只需要消耗少量的能量。在对速度要求不高的情况下，这是一种比较节能的肌肉收缩方式。平滑肌可以同时具备节能、肌肉活动范围较大这两个特性。

相对于平滑肌来说，骨骼肌是一种收缩速度快、活动范围小的肌肉。快肌纤维中的肌球蛋白运动速度极快。身体运动基本由骨骼肌控制，所以骨骼肌的运动速度必须够快。相比能量效率，骨骼肌更注重速度。一般情况下，骨骼肌更适用于肌肉长度几乎不变的小范围收缩运动。

世界上动作完成速度最快的肌肉

虽然肌肉的基本性质相同，但如果用数字来衡量肌肉的运动表现，就会发现不同肌肉的表现各不相同。速度对于体育运动至关重要，世界上收缩速度最快的肌肉具有哪些特点？这对于我们研究动作完成速度的提升具有重要的参考价值。

世界上动作完成速度最快的肌肉是什么？

其实是蚊子、苍蝇等昆虫的肌肉。蚊子和苍蝇飞行时会发出尖锐的"嗡嗡"声，音调越高，即昆虫挥动翅膀的频率越高，翅膀的挥动速度也就越快。

有研究人员曾研究过蚊子和苍蝇飞行时的振翅频率，其中速度最快的一种蚊子，其振翅频率可达2000 Hz，也就是每秒挥动翅膀2000次。想要使翅膀挥动达到这一频率，就要将肌肉的单次做功控制在短短的0.5 ms内，而蚊子和苍蝇的肌肉都可以实现。

如果人类腿脚的运动频率达到2000 Hz，那么人类的跑动速度将达到每小时500 km，甚至更快。那如何才能达到这一速度呢？蚊子和苍蝇的肌肉中蕴藏着什么样的秘密和关键点呢？实际上，很久以前就有研究人员专门研究昆虫的肌肉了，具体内容我们将在下一节介绍。

昆虫挥动翅膀时使用的肌肉，能为人类在提升运动表现方面带来启迪吗？

人类能否将蚊子类昆虫的肌肉特性应用于体育运动

肌肉被拉长而产生的拉伸激活，以及肌肉缩短而产生的抑制作用，不仅出现在昆虫的肌肉中，也经常出现在包括人在内的哺乳动物肌肉中。

昆虫的飞行方式有两种

前一节我们提到，世界上动作完成速度最快的肌肉是蚊子和苍蝇等昆虫用于挥动翅膀的肌肉（飞行肌）。普林格是一位著名的昆虫肌肉研究专家，他是最早开展昆虫飞行肌研究的人。

飞行肌能产生 2000 Hz 的翅膀拍打频率。普林格曾对飞行肌的收缩速度进行过研究。他从昆虫身体中提取肌肉，并向肌肉施加刺激促使肌肉收缩，结果发现飞行肌的收缩速度绝对称不上迅速。他本以为，飞行肌是一种收缩和舒张速度都极快的肌肉，结果却发现它属于缓慢发力型肌肉。如果类比人类肌肉的话，飞行肌并非快肌，而是一种总是保持紧张状态、可以连续活动的肌肉类型。

这就奇怪了，为什么昆虫的飞行肌收缩速度缓慢，但挥动翅膀的速度却很快呢？

我们在此基础上进行了深入研究发现，昆虫的飞行方式有两种：一种是类似蝴蝶和飞蛾翩翩飞舞的无声飞行方式，另一种是类似蚊子和苍蝇的"嗡嗡"式飞行方式。"嗡嗡式"飞行方式的翅膀扇动频率很高，但就肌肉本身性质而言，"翩翩起舞"的飞行方式肌肉收缩速度更快。

接下来我们又记录了昆虫飞行时神经和肌肉的活动情况。蝴蝶在翩翩飞舞时，首先使控制翅膀抬升的肌肉收缩，使控制翅膀下落的肌肉保持舒张；再使控制翅膀下落的肌肉收缩，使控制翅膀抬升的肌肉保持舒张。蝴蝶的飞行正是通过这两组动作的相互交替完成的。当人类模仿翅膀挥动的动作时，首先通过三角肌的收缩来抬升手臂，然后通过胸大肌和背阔肌的收缩控制手臂的下落，这与蝴蝶等昆虫飞行时的动作大致相同。

产生2000 Hz翅膀拍打频率的飞行肌的运动机制

但是蚊子和苍蝇的飞行方式与蝴蝶不同，无论是控制翅膀上升的肌肉，还是控制翅膀下落的肌肉，它们都是同时收缩的，而且这两部分肌肉始终保持收缩状态。既然是两部分肌肉同时收缩，翅膀又是如何做到上下挥动的呢？研究发现，其中的秘密就在于昆虫体表的硬组织——外骨骼。

昆虫外骨骼的性质与油桶盖的卡扣结构相似，当外骨骼被按下去时，就会"啪嗒"一声凹陷下去，形成一种稳定状态。除此之外，控制蚊子和苍蝇翅膀运动的肌肉还具有缓慢收缩的特性。这两部分肌肉同时发生收缩，与外骨骼形成一个整体协调的系统。当控制翅膀向上运动的肌肉受到外骨骼的拉伸而变长时，就会产生"拉伸激活"现象，这部分肌肉的力量会得到增强。然后外骨骼反过来又被这部分肌肉抻拉，从而向反方向发生形变以保持稳定，这样翅膀就会向上运动。此时控制翅膀向上运动的肌肉长度缩短，肌肉因长度缩短而产生"抑制作用"，从而导致张力减小。与此同时，控制翅膀下降的肌肉被拉伸激活，翅膀就会向下运动。在两部分肌肉同时收缩的过程中，翅膀就完成了反复的上下运动。这种"共振"现象见图3.5。

蚊子和苍蝇挥动翅膀时所发出的"嗡嗡"声虽大，但声音大小与肌肉发力大小却不成正比。肌肉一次次收缩和伸展所消耗的能量较大，但总体来说，肌肉的收缩是以等长收缩为基础的。因此，这是一种较为节能的飞行方式。

类比人类的话，这相当于一个健美教练摆出一个健美姿势后，肌肉还要不断地发力，才能维持这个姿势。

肌肉如果在发力的同时伸长，肌力就会增强

肌肉被拉长而产生的拉伸激活，以及肌肉缩短而产生的抑制作用，不仅出现在昆虫的肌肉中，也经常出现在包括人在内的哺乳动物肌肉中。

其中一个例子就是我曾几度提及的拉长收缩。当我们发力时，如果肌肉受到拉伸，这时发出的力就会非常大。在此基础上再让肌肉缩短，这时的发力比不经拉长产生的肌肉收缩力更大，速度也更快。相反，如果在发力时让肌肉松弛下来，整体运动表现就会降低。这与增强式训练（在使肌肉得到伸展后又快速强力收缩，以提升运动表现）的运动机制具有相通之处。

细肌丝由肌动蛋白组成。在昆虫的肌肉中，肌球蛋白和肌动蛋白的排列存在轻微的错位，在肌肉发力的同时，轻微的错位导致了伸长带来的"肌力增强"现象。至于为什么两者之间会发生错位，这是一个谜团，但研究人员认为，正是由于错位才实现了肌肉的顺畅收缩。肌肉在发力时突然被拉长，肌球蛋白和肌动蛋白的排列周期刚好吻合，所以此时参与反应的肌球蛋白数量会比平常多，肌力就会提升，这一说法已成为目前学界的共识。

人体肌肉可能具有相同的机制，存在相同的现象。肌肉一旦被拉长，它的运动表现也会有所提升。

如果我们理解了这一点，就会有助于提升运动表现。

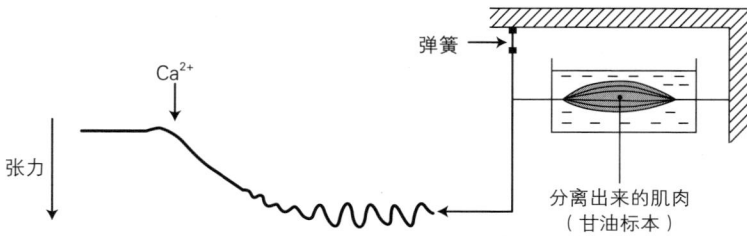

图3.5 昆虫的飞行肌与弹簧产生的自发性共振
把昆虫飞行肌的肌纤维膜去除制成甘油标本，再向标本中释放钙离子，肌纤维就会收缩。当张力达到一定程度时，就会引发与弹簧的共振，昆虫（蚊子、苍蝇等）正是利用这种共振现象实现了高频率的翅膀挥动

THEORY

第四章

肌肉的产热

肌肉收缩和收缩热

肌肉持续的等长收缩能保存能量并发力。

肌肉的功率与热量产出的关系

第三章第02节中提到，肌肉在进行等长收缩时不做功。做功为0意味着此时的功率为0，从理论上讲，能量消耗也为0，力可以永远无损耗地保持下去。

但事实上这是不可能的。肌肉在进行等长收缩时的力学做功虽然为0，但却以"热量"的形式消耗了能量。

综上所述，肌肉发挥着两方面作用，分别为力学上的能量释放和运动时的热量产出。也就是说，肌肉整体的能量消耗要从"功"和"热"两个方面考虑：总能量＝做功＋产热。

汽车的发动机或其他机械的电动机也是同理，它们在工作时会产生热量，如果机械做功大于所产生的热量，人们就认为它在热效率方面性能优越。汽车发动机的热效率为

20% ~ 30%，做功时能产生很多热量，如果运行过程中不进行散热的话，就会导致过热现象。

肌肉的平均热效率为20% ~ 30%，热效率最高的部位只有50%左右，热效率根据力的变化而变化。例如，肌肉在等长收缩过程中，仅有力和热的产生却没有实际做功，所以此时热效率为0，无负荷状态下的肌肉收缩热效率也为0。

肌肉的功率与热量产出之间是什么关系呢？针对这一问题，诺贝尔奖获得者、生理学家阿奇博尔德·希尔曾做过系统的研究。在等张条件下，向肌肉施加各种负荷，使肌肉产生收缩，并测定热生成率（每秒发出多少热量）。我们曾在第三章第02节中通过力与速度的关系导出了快速力量（力学上的功率）的计算公式，已知热生成率和快速力量，就可以求出能量生成率（见图4.1a）。1938年希尔得出研究结论：当肌肉的收缩速度为0时，热量产出最少。

肌肉等长收缩时的热生成率很小

肌肉在等长收缩过程中有热量产生，但是热生成率很小。换言之，肌肉在持续的等长收缩中会积累能量并发力。当负荷减小时速度加快，产出的热量迅速增加。在无负荷状态下，产出的热量最多。

生物会为了生存而频繁地在静止状态下持续发力。人在长时间站立时，为维持姿态不变，会持续进行肌肉活动。此时肌肉会不断产生热量，如果负重的话可能会大汗淋漓。但事实并非如此，为避免热量消耗，肌肉在保持某一状态时，会在尽量不耗能的情况下持续发力。

下图4.1b展示出了直流电动机功率的两级变化，当力为最大扭矩的50%时，功率达到最大。在此基础上力继续变大，电动机无法正常运转的瞬间，实际产出的热量最多。如果继续过量施加负荷，机器内部就会冒烟、燃烧。所以不管电动机转得多快，只要负荷小，产生的热量就少，不会出现过热的情况。

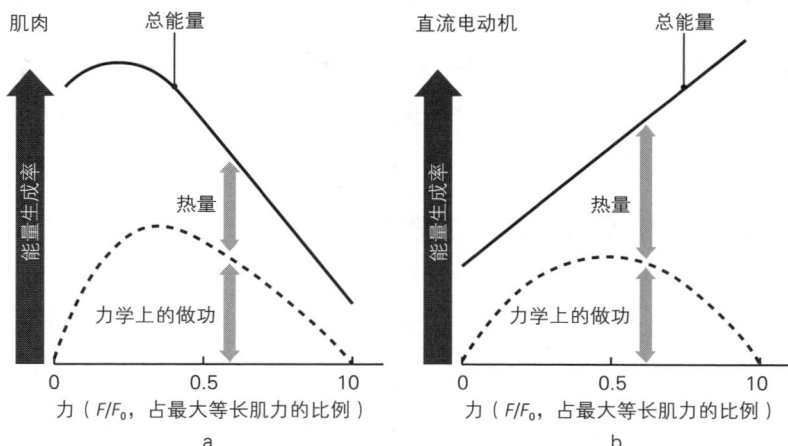

图4.1 肌肉和发动机的力与能量生成率的关系

减肥瘦身时做的有氧运动利用了肌肉的特性

肌肉与直流电动机的性质完全相反，假如用电动机替代肌肉植入人体内，仅仅维持一个姿态不变就会使身体冒烟。所以为了避免这种情况发生，肌肉的热特性会与生物体本身的性质完美匹配。

关于这一点，希尔在70多年前的研究中已经告诉我们了，但至今我们仍不知道如何制造肌肉"电动机"。如果知道了制造方法，当人们受伤导致肌肉无法运动时，就可以将人工肌肉植入体内，起到替代作用。不过要实现这一目标，目前看来仍然任重而道远。

另外，如果为了减肥瘦身而运动，可以充分利用肌肉的热特性。向肌肉施加轻微负荷并做大量运动，此时体内会产生大量的热，能量消耗也会变大。在静态负重训练时，我们几乎不会出汗，但运动时任何重物不拿也会滴滴答答地流汗。对于减肥瘦身来说，有氧运动之所以奏效就是因为这个道理。对于那些想要减肥的人来说，运动时不要给肌肉施加过大的负荷。

产热的机制（一）

肌肉的力学做功占总做功的比例较大时，肌肉做功的效率较高。

肌肉消耗的能量一半以上都会转化为热量

从这一节开始，我想暂时搁置对肌肉力学特性的探讨，围绕"热量"这一主题继续带大家学习肌肉的相关知识。前面的章节讲到，肌肉收缩时不仅产生能量，还会产生热量；并且在负荷减轻时，随着速度的提升产生的热量也会增加。

那么在能量的消耗总量中，动能与热量的比例分别是多少呢？

肌肉进行等长收缩时，如果力学做功为0，整个过程只有热量产生，且产生的热量最少，这属于"热维持"状态。

肌肉收缩速度越快，力学做功越多，产生的热量也越多，最大功率大致出现在负荷达到最大等长肌力的30%～35%时。而热量峰值的出现要更晚一些，且负荷越轻产生的热量越多。

如果肌肉的力学做功占总做功的比例较大，就可以说"肌肉做功的效率较高"，相当于汽车的能耗较低。从1938年开始，陆续有人以蛙类和龟类肌肉为对象进行研究，并得出了各种各样的研究结果。

蛙类肌肉的做功效率，在负荷达到最大等长肌力的一半（从速度上来讲，达到最大速度的20%左右）时最高，约为50%。龟类的肌肉做功效率更高，可达60%左右。龟类肌肉的收缩速度虽然比蛙类慢，但是慢肌中的肌球蛋白分子发力时间更长，所以肌肉做功的效率更高。

出于伦理考虑，我们不能从人类活体中直接提取肌肉进行实验，所以还不能准确测定人体肌肉的做功效率。多数研究利用同为哺乳动物的老鼠进行实验。老鼠趾长伸肌中的快肌纤维多，做功效率可达30%左右；比目鱼肌中的慢肌纤维多，做功效率为40% ~ 50%。与两栖动物相比，哺乳动物的快肌做功效率略低。

假设人体肌肉的最大做功效率只有30%或40%的话，肌肉做功消耗能量的70%或60%都会转化为热量。到目前为止，人类发明的机械动力装置的机械效率多为20% ~ 30%，相比之下，人体肌肉的做功效率略胜一筹。

产生热量的棕色脂肪

肌肉的运动不只是为了发力和移动身体，还有一个重要作用就是产生热量。关于这一点，我们应该转变观念。尤其是对于哺乳动物来说，为了生存必须不断产生热量，这也是肌肉固有的功能。

为了使身体产生热量会出现什么现象呢？其中一种现象就是"颤抖"。当我们身处寒冷的环境时，身体会控制不住地发抖，这是因为肌肉颤抖时会产生热量，人体会依靠这部分热量来维持体温。这种情况也被称作"颤抖性产热"。与之相对的是"非颤抖性产热"，即不通过颤抖的方式产生热量。

棕色脂肪是非颤抖性产热的主要来源。棕色脂肪组织是专门用于产热的脂肪组织，脂肪燃烧可将能量转化为热量。线粒体是一种细胞器，几乎遍布所有的细胞，承担着产生能量的职能。线粒体本身偏红，棕色脂肪细胞中的线粒体含量较高，所以棕色脂肪整体呈现棕色。普通脂肪细胞中，线粒体含量较少，所以总体呈现白色，叫作"白色脂肪"。

棕色脂肪常见于熊和松鼠等冬眠动物体内，这类动物会在秋季储存包括棕色脂肪在内的足够脂肪。冬天到来时，通过缓慢消耗储存的脂肪来维持体温。它们之所以能熬过漫长而严寒的冬季，棕色脂肪功不可没。

关于产热的新发现

人体中当然也有棕色脂肪，主要分布于胸部到腋下部。想必很多人都听说过，最近论述"棕色脂肪与减肥关系"的书籍很火。

但是与老鼠等动物相比，人体中棕色脂肪的含量要少一些，约为40克。棕色脂肪确实是热能的生产源泉，但它究竟在体温维持中起到多大作用呢？对此我们尚不清楚。不过一般情况下，肌肉约占人体质量的40%（20 ~ 30千克）。与棕色脂肪相比，肌肉在维持体温方面起到的作用要大得多。

大约十年前，人们在棕色脂肪细胞和肌肉中发现了一种蛋白质，它与热量产出的机制密切相关。详情请看下节。

当我们身处寒冷的环境时，身体会控制不住地发抖，这是因为肌肉颤抖时会产生热量，人体会依靠这部分热量维持体温，也被称作"颤抖性产热"

产热的机制（二）

慢肌纤维在日常生活中起着重要作用，属于节能型肌肉。

无须运动便可促进产热的蛋白质

大约十年前，研究人员在棕色脂肪和肌肉中发现了一种与产热机制相关的蛋白质——线粒体解偶联蛋白（UCP），这一发现在生物学研究领域激起了巨大波澜。

UCP存在于细胞的线粒体中，它可以切断以下两个系统的联系：分解脂肪能量的反应系统、合成ATP（三磷酸腺苷）的系统。分解脂肪得到的能量不会被用于合成ATP，而会转化为热量。也就是说，线粒体解偶联蛋白可以不通过运动产生热量，也就是前一节提到的"非颤抖性产热"。UCP 1（增温素）是研究人员最早在棕色脂肪中发现的UCP。UCP基因包含多种类型（组成UCP基因的DNA个体之间存在差异），有的人能正常合成UCP 1，有的人则不能。在日本竟然有

20%的人无法正常合成UCP 1，他们的产热能力低于常人，因而容易出现体温偏低、畏寒的情况。

无法正常合成UCP 1的人的产热量较少，总能量生产水平相对较低，平均每天的热量消耗比常人少约419 kJ。一天419 kJ虽然不多，但365天就是152 935 kJ，换算为体脂约为5 kg。也就是说，吃同样的食物、做同样的运动，不能正常合成UCP 1的人会比能正常合成的人每年胖5 kg。可以说UCP 1是一种与人体体质相关的蛋白质，无法正常合成UCP 1的人就是我们常说的"易胖体质"人群。

现在你可以去减肥门诊检测一下自己体内是否含有能正常合成UCP 1的基因，如果不含的话，你可能需要调整日常饮食并养成运动的习惯了。

产生热量的主角存在肌肉中

后来人们又在肌肉中发现了相同性质的蛋白质，这是我们发现的第三种UCP，所以称为"UCP 3"。与研究人员的推测结果相同，UCP 3可以促使肌肉在不运动的情况下产生热量。

虽然1 g肌肉所含UCP 3产生的热量少于1 g棕色脂肪的产热，但人体中的肌肉量远大于棕色脂肪含量，所以我们推测，肌肉生产的总热量比棕色脂肪多。UCP 3的发现使人们在棕色脂肪与肌肉之间，将更多的注意力转向了肌肉。快肌纤维中的UCP 3含量比慢肌纤维多，而快肌纤维Ⅱx型肌纤维中的线粒体含量很少，所以Ⅱa型肌纤维才是非颤抖性产热的主角。

慢肌纤维中虽然也含有很多线粒体，但含UCP 3很少，所以慢肌纤维并不能产生较多的热量。慢肌纤维虽然发力小，但能支撑身体长时间的连续运动。对于慢肌纤维来说，平白无故地产生热量会造成能量浪费，所以慢肌纤维属于节能型肌肉。

超越UCP的新发现

当我们进行肌肉训练时，快肌纤维中的Ⅱx型肌纤维会转化为Ⅱa型肌纤维，从而使Ⅱa型肌纤维所占的比例变大。此状态下肌肉产生的热量较多，即使是静止状态，也更容易产生能量消耗。

如果某人长时间进行有氧运动或参与马拉松比赛之类的耐力运动，他体内UCP 3的活性就会极低。肌肉为了支撑长时间运动，不会轻易消耗能量，所以还是请有耐力训练习惯的朋友提前储备高能耗的肌肉吧。

那些通过大量有氧运动减重的人，一旦停止运动就很容易反弹，对于他们来说防止反弹是重中之重。我们知道，很多顶级马拉松运动员在退役后会立刻发胖，这与 UCP 3 的低活性引发的一系列反应密切相关。

以上内容是2000年左右的研究成果，大家都曾以为 UCP 会是未来肌肉产热相关研究的核心。但就在数年前，又有人发现了一种影响力更大的全新蛋白质。

科学类期刊《自然·医学》正式刊登了这种在专业领域引发激烈讨论的蛋白质——肌脂蛋白。有人认为，肌脂蛋白才是非颤抖性产热的真正主角。

关于这一点，请跟我一起走进下一节的讲解吧。

那些通过大量有氧运动减重的人，一旦停止运动就很容易反弹

产热的机制（三）

增加体内的肌脂蛋白，人体更容易产生热量，从而变为耐寒体质。

肌脂蛋白的作用

通过前一节的讲解，大家知道了一种与产热密切相关的全新蛋白质——肌脂蛋白。虽然早在1993年就有人发现了肌脂蛋白，但直到2012年科研人员才明确了它的作用。肌脂蛋白在产热方面发挥着重要作用，标志着肌脂蛋白超越了此前一直被人们热议的线粒体解偶联蛋白（UCP），成为热量产生的真正主角。

虽然到目前为止，我们还没有解析出肌脂蛋白的全部作用，但可以肯定的是，它与UCP一样都是非颤抖性产热的原动力。

肌肉中有一种叫作"肌质网"的组织，可以储存体内的钙离子，在肌肉收缩时释放钙离子，在肌肉舒张时收回钙离子。而肌脂蛋白可以把钙离子从肌质网内部释放到外部。

钙泵（蛋白质的一种）可以汲取肌质网中释放出的钙离子，分解ATP释放能量，并利用这部分能量进行运动。肌脂蛋白和钙泵结合可以阻断钙离子的吸收。也就是说，钙泵的"空转"可以把ATP的能量全部转化为热量。

这一点在下面的小鼠实验中可以得到验证。科研人员将正常的小鼠及肌脂蛋白生产基因损坏（肌脂蛋白生产基因敲除）而无法正常合成肌脂蛋白的小鼠一起放入4℃的房间，并运用体温记录法研究小鼠的体温变化。结果发现，数十分钟后，正常的小鼠尽管体表温度很低，但仍能产生热量，核心体温也维持在生命活动所需的范围内；而肌脂蛋白生产基因敲除的小鼠核心体温快速降低，最终无法活动了。

两类小鼠的肌肉量完全相同，只存在能否正常合成肌脂蛋白的差异。不能正常合成肌脂蛋白的小鼠，正是因为其产热水平极低，才变成了"畏寒"体质。

可通过肌肉训练改善畏寒体质

此前我们一直认为，棕色脂肪在产热方面发挥着重要作用，我们也以棕色脂肪为对象进行了同样的实验。将进行过棕色脂肪切除手术的正常小鼠也放入4℃的房间，结果并没有发现特别严重的问题。即使没有棕色脂肪，肌肉也可以正常产生热量，小鼠的核心体温也没有下降。然而不能正常合成肌脂蛋白的小鼠，即使保留了棕色脂肪，体温也会快速降低。

这个实验告诉我们，在寒冷的环境中，对于热量产生具有决定性作用的是肌肉而非棕色脂肪，肌肉才是热量产生的原动力。从某种意义上讲，这可谓一个戏剧性发现。

既然如此，增加体内的肌脂蛋白，身体就可以轻松产生热量，变成耐寒体质。但现阶段，我们尚未发现增加肌脂蛋白的方法。不过肌脂蛋白存在于肌肉中，且含量与肌肉量成正比，所以只要增加肌肉量，产热保温能力就可以自然提升。当然肌肉量的减少也意味着产热能力的降低，保温能力也随之降低。综上所述，只要坚持肌肉训练，怕冷的朋友就有望改善现有的畏寒体质。

增加肌脂蛋白可预防肥胖症和糖尿病

作为前面实验的延伸，我们又进行了一个实验，为肌脂蛋白生产基因敲除的小鼠投喂富含脂肪的食物。通过高脂饲料投喂，我们发现小鼠的体形以肉眼可见的速度迅速变胖，最终变得极度肥胖。与此同时，也给能正常合成肌脂蛋白的小鼠投喂相同的饲料，结果正常的小鼠不过稍微胖了一点点。

总体来说，变胖是因为肌肉不能产生热量。在此基础上，继续让肌脂蛋白生产基因敲除的小鼠摄入葡萄糖，我们发现其血液中的葡萄糖含量接近糖尿病水平。

总结相关研究可知，肌脂蛋白不足的人更容易怕冷，肥胖症和糖尿病的患病风险也更大。反过来，这些病症也可以通过增加肌肉量来预防和改善。也许将来肌脂蛋白会在减肥瘦身领域备受关注。

"肌肉训练可以有效提高基础代谢能力"，这个理论已深入人心，但它建立在"肌肉含量越高基础代谢能力越强"这一事实基础之上，而我们并没有决定性证据证明这一点。不

只要进行肌肉训练，就可以实现肌脂蛋白的增加，也可能具有改善畏寒体质、预防肥胖症和糖尿病的效果

过通过肌脂蛋白的发现，我们明白了肌肉是如何产生热量的。这一发现还详细论证了产热能力的下降可能带来肥胖症和糖尿病。我认为，以上都是基础代谢率与肌肉量成正比的有力证据。

肌脂蛋白的含量是快肌纤维中多还是慢肌纤维中多？如何才能实现肌脂蛋白量的增加？今后这方面的研究还会继续开展，"肌脂蛋白"这一词语在未来一段时间依然会备受关注。

第五章

人体中控制肌肉
运动的构造

什么是运动单位

肌肉中有很多运动单位，运动单位通过接受神经发出的指令完成各种各样的动作。

控制肌肉运动的构造

在前面的章节中，我们一直围绕肌肉本身的构造、特性、发力机制等内容进行讲解。从这一节开始，我们要把肌肉组织放入整个身体，学习身体中控制肌肉运动的构造，并了解肌肉组织在身体中是怎样运动的。

大脑向肌肉下达运动指令的传递路径大体分为两种：一种是"随意肌收缩"，另一种是"反射"。随意肌收缩是指大脑的运动区向肌肉发布指令，是正常情况下的指令传递路径；反射则与生物体的意识无关，是肌肉的自动运动系统。

但不管是上述哪种路径，肌纤维和神经纤维一定是相互连接的，肌纤维通过神经纤维的传导才能接收指令进行运动。但是神经纤维和肌纤维之间并不是一一对应关系。脊髓中有一个叫作"前角"的部位，神经细胞就存在于其中。神经细胞上的突起又被称为"轴突"，神经细胞之间的结合部位叫作"突触"。轴突能够分出数个分叉，每一个分叉都与肌纤维相连。每个轴突都与多根肌纤维结合，并且支配多根肌纤维的运动（见图5.1）。这个直接支配肌纤维的神经细胞，叫作"运动神经元"（外导神经元）。

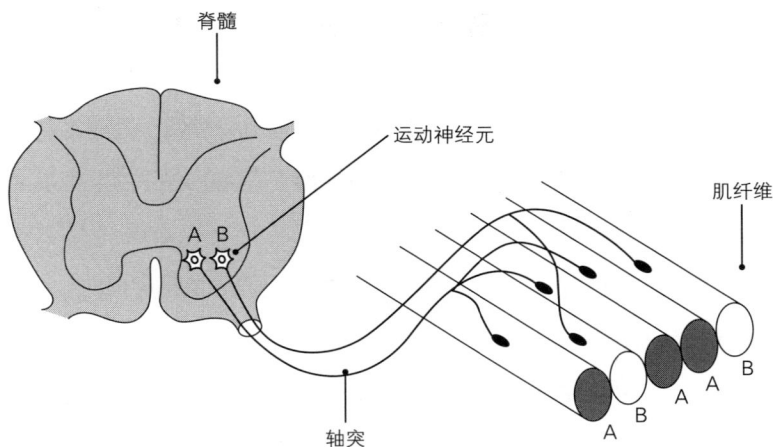

图5.1　运动单位的构造

　　一根运动神经与受其支配的多根肌纤维称为"运动单位"，为什么叫作"运动单位"呢？这是因为在大脑中，神经细胞的活动沿着神经纤维将指令传递给肌纤维，所有与这条神经纤维相连的肌纤维都会进行完全相同的收缩。同属一个运动单位的肌纤维，其运动方式完全相同。肌纤维在任何时候都以单位的形式进行运动，所以被称为运动单位。

肌肉中有很多运动单位，所有运动单位都通过接收神经发出的指令来实现各种运动。我们常说一个人"运动神经很好"，虽然准确来说，"运动神经"一词用得不妥，但运动神经的确直接控制着肌肉的活动与身体的动作。

运动单位存在大小差异，发力大小各不相同

接下来是运动单位的大小问题。虽说一根运动神经可以支配多根肌纤维，但是一根运动神经到底能支配多少根肌纤维呢？

运动单位的大小不一，小的能支配数十根肌纤维，大的可达2000根以上。

一个神经细胞所能支配的肌纤维数量称为"神经支配比例"。神经支配比例小的运动单位，也就是支配肌纤维数量少的运动单位称为"小运动单位"；支配肌纤维数量多的大型运动单位则称为"大运动单位"。在运动单位的活动中，大运动单位发力大，小运动单位发力小。

如果把运动单位看作军队，那么神经细胞就好比司令部，它的号令经运动神经传达给全体官兵，大家统一行动。而且根据队伍大小（队员数量）的不同，队伍的实力大小也不同。

紧急时刻的肌肉运动——反射

从大脑运动区（运动中枢）发出的指令经运动神经传导，最终会到达多根肌纤维。

在日常生活和体育运动中，大脑命令的发出、神经纤维的传导及肌纤维的反应，都只发生在一瞬间。到目前为止，我们所说的都是指令传递的正常路径。与大脑运动区下达指令、神经传递指令的方式不同，脊髓中还有另外一种传递路径也可以使肌纤维运动。

肌肉中有一种名为"肌梭"的感受器，可以感受到肌肉长度的变化。而且长度变化的信号可以通过一定路径从肌梭传回至脊髓的运动神经细胞。当肌肉被拉长时，其自身会根据这个信号自动开始活动。这与前面提到的"反射"有关，它也是反射的一种，叫作"牵张反射"。

反射与大脑几乎没有关系，它是肌肉（肌梭）被拉伸而引发的收缩，可以在很短的路径内完成传导，所以反射时发生的动作总是速度飞快。反射是身体遇到危险时的瞬间行动，是生物与生俱来的一种行为。根据大脑发出指令的不同，不同生物针对反射的"敏感度"也不同。

反射不仅发生在肌肉被抻拉时，当我们接触到热的东西、感到疼痛时也会被引发。如果大脑在感觉到"好热"之后才把手缩回去的话，一切都为时过晚了。当我们触碰到尖锐的物品时，如果大脑在感受到"这是能让自己感到疼痛的物体"之后才开始反应的话，身体可能已经遭受到重大创伤。

为避免对身体产生伤害，当末梢神经感受到强烈刺激时，手脚会不经大脑思考就自动缩回来。

反射承担着保护生物体安全的重任，它也是通过运动神经和肌纤维组成的运动单位来发挥作用的。

运动单位大小的决定性因素

人体的不同部位"配置"了大小适当的运动单位。

运动目标不同，运动单位的大小也不同

上一节讲到，运动单位由运动神经和受其支配的肌纤维构成。支配肌纤维数量少的运动单位称为"小运动单位"；支配肌纤维数量多的运动单位称为"大运动单位"。肌肉的全部活动都由这些大大小小的运动单位完成。

那么在身体的不同部位中，运动单位的大小有何不同呢？

假设小块肌肉中有较大的运动单位，由于肌肉中的每个运动单位都很大，其结果必然是肌肉中的运动单位数量较少。简单来说，就是命令肌肉运动的指挥系统较少。举一个极端的例子，假如一块肌肉中只有A、B两个运动单位，那么这块肌肉的肌力模式就只有4种：0、A、B和A+B。果真如此的话，不必说开展复杂的体育运动，可能连日常活动都

不能顺利完成了。

所以，如果需要一块肌肉精准地发力，并完成细致动作的话，运动单位小而多显然比较合适。当一支军队管辖很多人数较少的部队时，虽然每个部队的攻击力较小，但整支军队可以很好地执行多种类型的作战任务。

相反，如果一块肌肉中包含的运动单位较大，那么它也有自身优势。这样的肌肉虽然不擅长技巧性动作，但在需要肌肉一气呵成发力巨大时，指挥系统的指令传递相对简单。这就好比一支军队中虽然从属部队数量不多，但攻击力却很强大。

总结起来就是，运动目标不同，运动单位的大小也不同。实际上，人体的不同部位都"配置"了大小适当的运动单位。

小腿后侧肌肉中运动单位的大小是手掌中的 20 倍以上

人体面部肌肉中的运动单位小而多，因此口、鼻等器官才能完成一些微小的面部表情动作。演员之所以能在面部肌肉训练后做出很多表情，应归功于面部肌肉运动单位数量较多。如果面部肌肉中只有数量较少的几个大型运动单位，那么可能展示出富有魅力的微笑，又怎么可能顺利进行表情交流呢？

同样，带动手指运动的小臂肌肉中的运动单位也很小，数量也很多。我们的五根手指之所以能够巧妙地完成众多精细的动作，都是小型运动单位的功劳。

小型运动单位的目标是完成精细的动作，所以神经纤维必须传送较多的指令。大脑中的神经细胞数量庞大，想必大家都知道。人的"初级运动皮层"位于额叶的一个区域，具有控制运动的作用。而在初级运动皮层中，有很大一部分区域是用来控制面部和手指肌肉运动的，其中包含大量神经细胞，因此面部、手指等部位也包含数量众多的运动单位。

与此相对的是我们站立、跑步、跳跃时用到的腿部肌肉等。这类肌肉一般无须做细致的动作，对于它们来说，重要的是具有较强的爆发力，这就需要肌肉中的多根神经同时活动，具有少数大型运动单位的构造显然更为有利。

这就是背部、大腿和小腿后侧的肌肉中运动单位较大的原因。而在大脑的运动区中，针对它们的控制区域要比针对面部、手部等部位的小很多。

举个例子，手掌中肌肉（蚓状肌）的神经支配比例为1：（70 ~ 90），也就是说，一根运动神经有70 ~ 90个分叉，连接着70 ~ 90根肌纤维。而在小腿后侧的腓肠肌中，一根运动神经却可以支配约2000根肌纤维。手掌与小腿后侧肌肉中的运动单位竟然有20多倍的差距。

肌纤维的特性和运动单位大小之间的关系

还有一个与运动单位大小有关的因素，就是肌纤维的特性。

肌纤维大致分为快肌纤维和慢肌纤维（详情请参看第一章第03节）。一般来讲，较大的运动单位中一般为快肌纤维，其中的神经细胞本身较大，轴突的分支也多，能与更多的肌纤维相连。

快肌纤维原本的作用是一气呵成发出巨大的力，所以肌纤维支配一方的构造也要适合肌纤维发力。相比发力大小，慢肌纤维则更多地被用于完成维持姿态等精细动作，因此慢肌纤维的运动单位要小一些。

在面部的表情肌中，运动单位小、数量多。正因为如此，口、鼻等才能完成微小的面部表情动作

运动单位的活动方式

骨骼肌中的运动单位只有"0"和"1"两种活动方式。

"全或无"定律

从前面的内容可知，肌肉的活动依赖于运动单位的活动。这一节我们就来讲解肌纤维是如何在身体中活动的。

骨骼肌中运动单位的活动遵循"全或无"定律，换句话说，就是只有"0"和"1"两种活动方式，要么活动，要么不动。

这是为什么呢？

神经细胞、肌纤维都是根据细胞膜的电位变化进行活动的。动作电位一出现就开始活动，没有动作电位就不活动。动作电位本身的大小不能改变，所以神经细胞和肌纤维都不能进行精密的调整。和计算机一样，系统中只有"0"和"1"，接受数字型控制系统管理。

肌纤维的收缩开始于肌质网（细胞器的一种）中钙离子的流出，钙离子在控制肌肉收缩的开关系统中运动，这样一来肌肉收缩的开关就打开了。了解骨骼肌的这一性质对于运动信号研究及肌肉在体育锻炼中的作用研究方面具有重要意义。

虽然在自主神经等的作用下，骨骼肌的运动单位有可能突破"全或无"定律，但这属于特殊情况。总之，请大家记住，骨骼肌运动单位的活动方式基本遵循"全或无"定律，也就是只有"0"和"1"两种活动方式。

单收缩和强直收缩

这时有人可能觉得，运动单位的活动方式竟然如此简单！但简单的只是运动单位本身的活动，当我们讲到肌纤维发力问题时，原理就复杂一些了。

动作电位出现一次，肌纤维接收到传递来的信号，就会快速收缩一次且只有一次，这称为"单收缩"。在实验等场合中，我们将肌肉两端分别接在电源两极上，单收缩是仅一次短暂电流刺激信号传递后肌肉发生的反应，与意志控制下的正常肌肉收缩完全是两回事。

根据前面的"全或无"定律，单收缩发生时，肌纤维虽然处于充分活动状态，但肌纤维附近有肌腱，肌腱会因肌纤

维的收缩而被拉伸，起到缓冲作用。所以，如果肌纤维仅发
生一次短暂的收缩，其力量是不能传递到骨骼的。尽管在单
收缩的一瞬间肌肉会突然产生一股微小的力量，但这与肌肉
的发力依然相去甚远。

那么身体内的肌肉在正常收缩时会发生什么呢？答案
是：反复出现频率为10 ~ 100 Hz的动作电位。

与单收缩不同，强直收缩是肌纤维的连续收缩。收缩过
程中，肌腱也会得到充分拉伸，巨大的力量可以传递到骨骼
末端。

根据连续动作电位出现间隔的长短，肌纤维的反应也有
所不同，因此运动单位的发力大小各有差异。在高频动作电
位的刺激下，肌肉发力较大；随着动作电位频率的降低，发
力逐渐减小。肌肉力量在减弱的同时，会产生阵阵单收缩，
力量方面也呈现"山"形的起伏。当动作电位的频率大于
50 Hz时，一个个单收缩组合成整个流畅的强直收缩（完全
强直收缩），见图5.2。

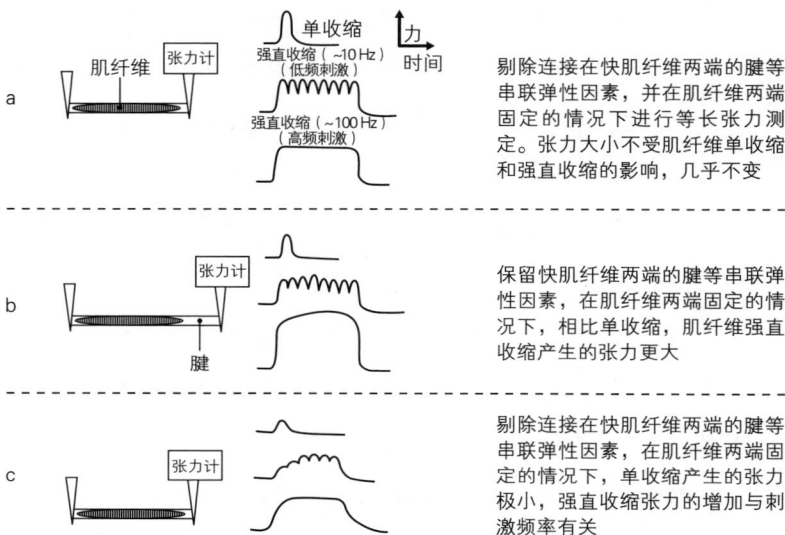

图5.2 影响单收缩和强直收缩的肌纤维种类和串联弹性因素的效果

肌纤维的发力可以随动作电位频率的变化而变化，但每个运动单位本身的发力只有"0"和"1"两种活动方式，要么不活动，要么充分发力。

发力大小的主要决定因素是运动单位的数量

现在我们已经了解，肌肉发力的大小主要取决于参与肌肉活动的运动单位数量。

"决定募集多少运动单位"的指令由大脑的运动区下达，

想要发出巨大力量，就要募集很多运动单位参与活动，为此大脑中的神经细胞也要进行激烈活动。只有这样才能募集更多的运动单位，发出与募集运动单位数量相当的力。

如果一个动作几乎不需要太大力量，大脑就会做出判断，减少运动单位的募集数量，参与活动的肌纤维数量也就相应减少。

就像前面所说的那样，如果一块肌肉由两个运动单位组成，那么这块肌肉可以自如运用的力量模式只有4种。虽然肌力的大小会随运动单位活动频率的变化而出现微小变化，但这基本上只是一种粗放的调节。肌力的大小就是由这种构造决定的，构造整体的活动看似复杂，但分开来看每个组成部分的活动却很简单。最终表现出的流畅的肌肉运动，就是这几个相互交织的运动单位在不同动作电位频率调控下进行的活动。

神经系统的抑制作用

催眠作用、兴奋剂作用、发力时的大吼、火场中的爆发力等，一切都源于大脑。

在自我意识控制下，无法发出真正的最大肌力

前一节我们介绍了肌肉中的运动单位是怎样运动的，这一节我们要讲解的是在肌肉发出最大肌力的情况下，运动单位能否被全部募集？

这个问题的准确说法应该是：肌肉在进行最大自主收缩（此时能够在自我意识控制下发出最大肌力）时，运动单位能否被全部募集？

上述问题的答案是否定的，运动单位不能被全部募集。即使肌肉在意识控制下发出了"最大"的力，也有部分运动单位处于闲置状态。也就是说，只要还有自我意识，运动单位就无法被全部募集。那么"火场中的爆发力"又是怎么回事呢？我们都知道，尽管自身已经发出了最大肌力，但肌肉

依旧未达到充分活动的程度，这一点过去也提到过。

大约从20世纪50年代开始，就有好几个实验证明了上述观点。例如，先让肌肉发出最大的力，再向与肌肉相连的神经施加电刺激，结果发现此时测得的力比自主发力要大。在另一个实验中，受试者在测量了最大肌力后被催眠。在催眠状态下，科研人员再次测量受试者的最大肌力，发现第二次测得的结果比第一次大。通过这些实验我们可以得出结论：自我意识不可能完全控制运动单位的活动。

催眠可以增加最大肌力，这意味着运动单位的募集与大脑密切相关。也就是说，无论人们如何努力发出肌肉的最大力量，大脑的中枢神经系统都会向肌肉施加"刹车"作用。催眠实验得到结果后，科研人员又做了一个实验——让受试者喝下能有效抑制中枢神经系统的"兴奋剂"，再尝试发力，最后得到了与催眠实验相同的结果。

即使人们有发出肌肉最大力量的意愿，但在发力时大脑还是会向肌肉施加轻微的"刹车"作用，这被称为"中枢神经系统的抑制作用"。

发力时的大吼

体育赛事严禁使用兴奋剂，我们也没听说过哪个运动员会在比赛前接受催眠。或许有运动员曾尝试过类似的催眠行为，但实际上催眠的意义不大，虽然可以提升肌肉的发力能力，但很多动作都是通过训练习得的，运动员被催眠后，可能无法完成训练动作。此外，催眠还会导致注意力无法集中。

难道现实中没有可以募集更多运动单位的方法吗？

截至目前，被证明有效的方法是"发力时大吼"。大声吼叫可以改变中枢神经系统的活动方式，在比赛现场经常见到有运动员通过这种方式增加力量，想必其中也有经验判断的成分。不过实验数据表明，大声吼叫确实具有增强肌力的作用（见图5.3）。很多运动员都会通过大吼的方式为自己鼓劲并协调呼吸，这确实是一种能有效募集更多运动单位的手段。

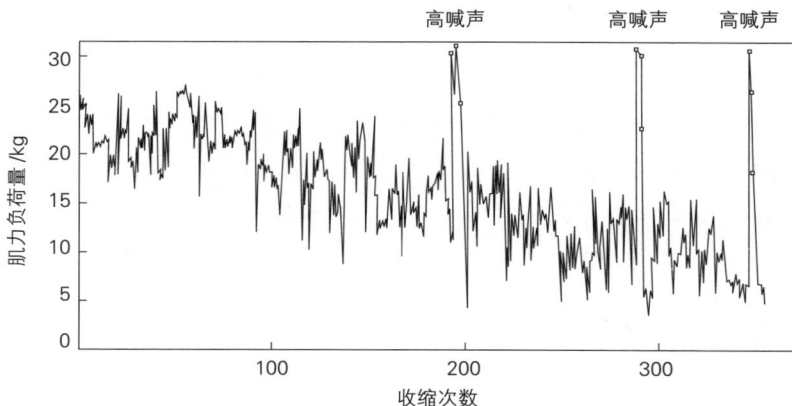

图5.3　实验发现，大吼时发出的肌力比不发声时大

有的人在面临突发事件时会无意识地吼叫，之后就能发出超常的力量。正如火场中的爆发力一样，突发事件刺激了中枢神经系统，使肌肉摆脱了中枢神经系统抑制作用的影响。

催眠作用、兴奋剂作用、发力时的大吼、火场中的爆发力……一切都源于大脑。只要构建可以募集更多运动单位的指令机制，就可以实现肌力提升的目标。

中枢神经系统的"刹车"作用到底有多强

中枢神经系统的"刹车"作用到底有多强呢？肌肉在中枢神经系统的抑制作用下，能发出真正最大肌力的多少呢？60%，70%，还是80%？针对这一问题，学界进行了各种各样的研究，但到目前为止还没有定论。

不过近年来，随着各种电刺激实验手段的成熟，相关研究取得了巨大进展。从整体情况来看，越来越多的人认为，在中枢神经系统的抑制作用下，肌肉发力要比之前大家推测的大。我们曾认为，在中枢神经系统的抑制作用下，肌肉只能发出70%的力量，但实际结果却为90%。目前的观点认为，肌肉在中枢神经系统的抑制作用下只有10%的余力，中枢神经系统的"刹车"作用并没有我们想象的那么大。

但这也不是定论，因为向人体施加的电刺激是有极限的。即使在我们的实验室中，也不过是100 V的电压，如果电流过大超出极限，实验就变成"坐电椅"了，肌肉真正的发力能力因此依旧成谜，它可能还蕴含着更大的潜力。

无论如何，发力时的大吼的确可以暂时抑制中枢神经系统的"刹车"作用。另外，肌肉训练可以缓慢减弱"刹车"效应。为了提升最大肌力，我们需要反复进行中期或长期的高负荷肌肉训练。这样就可以减轻中枢神经系统的抑制作用，使肌肉发力更接近它的最大真实发力。

大小法则

在马拉松等中长跑运动中，运动员看似保持同一个跑步姿势，实际上，在不同时间段内，肌肉内部发力的主体却不同。

运动单位的交替活动

通过前一节的学习，我们知道肌肉发力最大时不能募集全部运动单位。那么在某块肌肉发力时，肌肉内部总是按照相同的顺序募集运动单位吗？募集到的运动单位总是相同的吗？这一节就来解答以上问题。

举个例子，当我们连续活动手指时，参与活动的运动单位从头至尾都是同一个吗？还是最先参与的运动单位疲惫后，替换为其他运动单位呢？实际上，这个问题的答案我们不得而知。虽然我们的实验团队针对这一问题进行了各种各样的实验，但还是有很多现象难以解释。

到目前为止，我们了解到的是，当肌肉持续发出极小的力（约为最大肌力的10%）时，参与的运动单位貌似中途发生了交替。交替发生在一瞬间，就像传递接力棒一样。但为什么会产生这种交替呢？我们对此尚不清楚。或许大脑为了防止肌肉疲劳，在最开始就设定好了程序么？还是感觉神经捕捉到局部运动单位的疲劳信号后进行了调整呢？这是我们未来的研究课题，但无论什么原因，都建立在发力强度极低这一前提下。

如果少许增加发力强度，情况又会如何？如果肌肉发力达到最大肌力的30%左右，并持续运动，这样的力度虽然达不到体育竞技的程度，但肌肉内部是否依然会出现运动单位的交替活动呢？这是一个有趣的问题，但对此我们依然没有答案。

我们的实验团队将发力强度提升到了更大的体育运动级别进行研究。到目前为止我们发现，在马拉松等中长跑运动中，运动员看似一直保持同样的跑步姿势，实际上，在不同时间段内，肌肉内部发力的主体却不同。也就是说，在体育竞技中，运动单位间会发生活动交替。这可能是因为肌肉运动若始终使用同一运动单位，其会感到疲惫，所以必须选择尚未募集过的运动单位接过"接力棒"，这也是意料之中的选择。

如果我们的推测是正确的，那么这样做不仅可以提高肌肉的代谢能力，还能通过控制运动单位的使用，找到真实存在且能从根本上防止肌纤维疲劳的训练方法。只要掌握了正确的方法，体育一线就可能得出全新的训练理论。新理论的探索将是一个非常有趣的课题，但想要掌握运动单位活动交替的真正机制，还需要进一步的研究。

运动单位的募集顺序：从小到大

当我们把发力级别调整到极大挡时，问题就更简单了，这时就不存在"用的是哪一部分运动单位""不同运动单位之间是否出现了活动交替"之类的问题了，因为此时会用到全部运动单位。

但即使全部运动单位都被投入使用，其募集顺序也是固定的，即按照从小到大的顺序。这一理论于1973年提出，被称为"大小法则"。虽然也有少数几个打破大小法则的例外（请参看下一节），但肌肉发力从"0"开始逐渐加增大，最终达到最大肌力，其运动单位募集的基本顺序的确是从小到大。在运动和训练领域，大小法则是一个重要的生理学规律。

负荷在肌肉训练中不可或缺的原因

慢肌纤维中主要为小型运动单位，而快肌纤维性质越明显的肌纤维，运动单位就越大。从大小法则来看，肌肉发力时会先募集慢肌纤维，后募集快肌纤维。

慢肌纤维在活动时需要耗氧，所以慢肌纤维的活动速度虽然较慢，但能量生产效率较高（有氧代谢）；快肌纤维虽然活动速度更快、力量更大，但从效率角度来讲存在明显的劣势（无氧代谢）。因此，在不需要巨大力量的情境下，募集慢肌纤维对人体而言更加节能。当肌肉不得不发出巨大力量时，再让快肌纤维登场也不迟。

日常生活中在走路、坐下、站起时，肌肉的发力至多为最大肌力的20%，只要不做跑、跳等动作，更大的力量也就无用武之地。日常生活中，我们只会用到慢肌纤维，快肌纤维基本处于"休息"状态。

运动单位的活动交替也会出现在体育竞技中

即使是训练场合下的低负荷（最大肌力的30%左右）运动，基本上也用不到快肌纤维。想要用到快肌纤维，肌肉发力至少要达到最大肌力的50%（1 RM肌力的65%～70%）。训练后会变粗的绝大多数都是快肌纤维。所以，如果想通过普通的训练方式使肌肉变粗，那么训练中的负荷强度至少要达到最大肌力的50%。训练时的负荷施加原理也与运动单位的特性有关。

大小法则的例外

大小法则的例外有两个——肌肉的瞬间发力和肌肉的拉长收缩。

前一节主要讲解了运动单位的募集顺序：肌肉发力遵循大小法则，按照从小到大的顺序依次募集运动单位。慢肌纤维的运动单位小，快肌纤维的运动单位大，肌肉运动会兼顾节能和高效。

但是大小法则也有例外，本节就来讲一讲有哪些例外。

肌肉的瞬间发力

第一个例外出现在需要瞬间发出巨大的力时。与其说运动员开始冲刺的瞬间发力违反了大小法则，不如说人体中本来就存在某种机制：在需要肌肉发力巨大时，从发力较大的运动单位开始募集，或者说优先募集大型运动单位。

运动单位的募集方式可以通过训练改变

瞬间爆发力的表现与运动表现密切相关，良好地运用爆发力可以提升运动表现。实际上，只要经过训练，就可以逐渐掌握这种特殊的运动单位募集方式。

例如下面这个猴子爆发力训练实验。

在动物中，即使是聪明的猴子，也不会主动锻炼自己的爆发力，所以研究人员制作了一个有盖子的盒子，在里面放好饵料。猴子只能趁盖子打开的间隙，伸手取出饵料。盖子的闭合速度会随时间的流逝越来越快。提前在猴子的大脑中植入电极，就可以观察猴子伸手取出饵料时大脑的变化情况。

通过观察猴子伸手取食时大脑中神经细胞的电活动变化，研究人员发现，训练前后猴子使用大脑的方式发生了翻天覆地的变化。

我们认为，这是由于大脑对肌肉的使用方式发生了变化。也就是说，在运动速度较慢的场合中，大脑会优先动用能量效率较高的慢肌纤维；而在需要快速运动的情况下，能量效率问题暂时被搁置，转而动用快肌纤维。这种转变肌肉使用方式的能力可以通过持续的训练得到提升。

我们推测人类也是如此，爆发力的反复训练可以降低快肌纤维的募集难度。虽然这一点目前还未得到证实，但运动单位募集方式的改变，不仅意味着训练可以提升肌肉本身的性能，还表明与肌肉使用方式相关的机制也可以通过训练形成。训练有可能打破大小法则的桎梏。

肌肉的拉长收缩

第二个例外发生在肌肉进行拉长收缩时。第三章第04节讲过，肌肉进行拉长收缩时的发力更大，这一现象就与这个打破大小法则的第二个例外有关。

肌肉的拉长收缩发生在起跳后的落地阶段及类似情境中，这时会用到肌肉的"刹车"功能。停止运动比开始运动更重要，为避免对身体造成损伤，人体必须真正"刹住车"才行。那么理所当然地，肌肉的作用就不仅体现在日常活动中了。

在紧急状况下，肌肉慢悠悠地从运动单位小、速度慢的慢肌纤维开始募集肯定是不行的。快肌纤维的运动单位大、速度快，在这种情况下，调用快肌纤维显然更安全。

意大利研究团队的实验结果表明，肌肉在拉长收缩时会首先募集由快肌纤维组成的运动单位。虽然有人对他们的实验方法提出异议，但我们研究团队的实验也得出了相同的结论（见图5.4）。

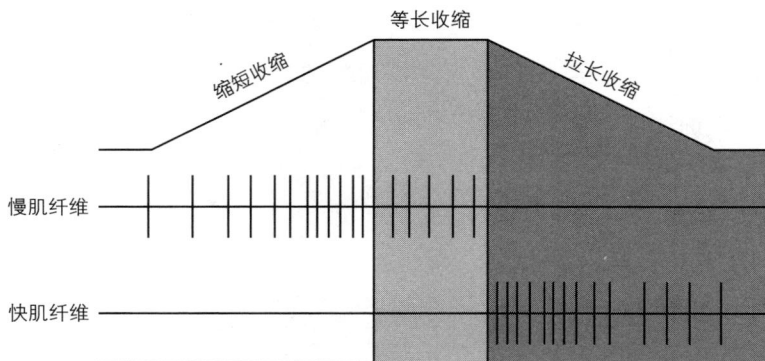

图5.4 肌肉的缩短收缩、等长收缩、拉长收缩和快肌纤维、慢肌纤维的调动方式

负荷较小（肌肉发力较小）状态下的缩短收缩、等长收缩会优先动用慢肌纤维，拉长收缩则会优先动用快肌纤维

　　虽然还不能完全阐明这一机制，但我们认为，肌肉被拉长时，信号会以反射形式传递到脊髓中，控制系统也会跳过慢肌纤维，直接调动快肌纤维进行运动，这属于一种可以在危险中自我保护的程序。

　　这一机制在提升运动表现的训练中具有重要意义。举个例子，一个运动员只要能顺畅地调动快肌纤维的力量，为后续动作提供良好的动力，他的动作就会更具力量和速度。因此，只要学会在拉长收缩过程中正确地使用肌肉，就一定能达到理想的效果。为提高弹跳力和冲刺能力，运动员经常进行的增强式训练（SSC训练）也应用了这一原理。

THEORY

第六章

肌肉变粗的机制

肌肉变粗的机制（一）

蛋白质的合成与分解之间是转向开关型关系。

当合成的蛋白质多于分解的蛋白质时，肌肉中的蛋白质就会增加，从而产生肌肥大。

产生肌肥大的两种机制

肌肉训练是如何产生肌肥大的？这个问题的答案我们尚不清楚。不过近十年来的相关研究确实取得了很大进展。

首先可以明确的是，与肌肥大相关的机制大致可分为两类。

第一类是"肌纤维再生机制"。这是指肌纤维在遭受破坏和损伤时会进行再生。这一机制可通过肌肉训练得以强化。肌纤维再生可以产生肌细胞，增加肌纤维数量；而且肌纤维在修复过程中会逐渐变粗，这也与肌纤维的再生机制密切相关。

第二类是"蛋白质代谢机制"。这是指蛋白质在肌纤维中的合成与分解。肌肉训练之所以能使肌肉变粗，是因为肌动蛋白、肌球蛋白这两种肌肉收缩时必需的蛋白质含量增加了。

蛋白质合成的增强可以使肌纤维变粗，但蛋白质合成的同时也在分解，如果合成与分解的速度相同，那么即使蛋白质的更替比较频繁，肌纤维的粗细也不会发生改变。

肌肉训练能促进蛋白质合成能力的提升及分解能力的下降。蛋白质的合成与分解之间是转向开关型关系，即一方增强另一方就会减弱。实验证明，当合成的蛋白质多于分解的蛋白质时，肌肉中的蛋白质就会增加，从而产生肌肥大。

肌肉记忆可能成为影响肌肥大的新因素

肌纤维再生机制和蛋白质代谢机制在体内可能是同时运行的，但它们各自的活动强度有多大我们尚不清楚，这可能是学界未来的研究课题。最近针对这一课题，相关研究也取得了一些新的进展。在本节中，我们先围绕肌纤维再生机制进行说明。

肌纤维中有一种叫作"肌卫星细胞"的干细胞（形成肌纤维的细胞），它们会紧紧黏在一起。平时肌卫星细胞处于类似休眠的状态，进行肌肉训练时，它们会被激活并开始增殖。接下来，肌卫星细胞有可能发展为新的肌纤维，也可能融入它紧贴的肌纤维，向内插入新的内核。

事实上，我们确定肌卫星细胞的增殖也不过是近几年的事。就算人类停止肌肉训练，就算肌纤维变细，这个内核还是会存留约十年，这就是"肌肉记忆"机制。真正的肌肉块一旦形成，即使过去了十年，这一记忆也依然存在。只要恢复训练，肌肉就会以较快的速度再次肥大。肌肉记忆将成为肌纤维再生机制中的新因素，引发大家的关注。

当肌纤维的尺寸达到一定程度后，其内核数量还会增加吗

细胞核好比司令部，具有控制细胞机能发挥的作用。如果某个细胞体积很大，但只有一个细胞核的话，那么细胞中的某些部分就有可能超出细胞核的控制范围。我们一直认为，细胞的细胞核都有自己的控制范围，而且细胞核对细胞的控制范围是有上限的。如果将细胞看作球形，我们目前还没有发现直径超出 20 ~ 30 μm 范围还能正常发挥机能的单核细胞。

但肌纤维中确实存在直径超过 100 μm、长度超过 10 cm 的类型。所以我们理所当然地认为，这样的肌纤维具有多个内核，每个细胞核都有自己的控制范围。如果这个观点真的成立，那么肌纤维细胞核的数量必须增加，否则肌纤维的尺寸就不能突破固定的范围。而承担这一"突破任务"者，就非肌卫星细胞莫属了。

那么肌纤维细胞核的增殖是在肌肉训练开始时就迅速启

动，还是肌纤维的尺寸必须达到某一个临界值才会引发增殖，对于这一问题我们尚没有答案。

如果只存在肌纤维细胞核的增殖，蛋白质的合成能力没有提高的话，肌纤维也不会变粗。学界目前的观点是，蛋白质的合成是肌纤维变粗的必要条件，而肌纤维细胞核的增殖不是。即使肌纤维细胞核没有增殖，肌纤维也可能出现一定程度的变粗。但如果让肌纤维的尺寸突破极限，肌纤维细胞核的增殖机制就开始发挥作用了。

肌纤维到底要粗到何种程度，才能引发肌纤维细胞核的增殖呢？这个问题也是我们研究团队的课题，尽管现阶段的研究正在逐步推进，但距离给出具体的数据还需要一些时日。

真正的肌肉块一旦形成，即使过了十年，这一记忆也依然存在。只要恢复训练，肌肉就会以较快的速度再次肥大

肌肉变粗的机制（二）

像急刹车那样反复拉长收缩的刺激
不利于肌肥大的产生。

关于蛋白质合成与分解研究的变化历程

前一节讲的是肌纤维再生机制，这一节我们来讲肌肉变粗的另一个机制——蛋白质代谢机制。

最近研究人员对蛋白质合成与分解问题的观点与之前相比发生了很大变化。

为实现增强肌力的目标，人们必须合成大量蛋白质。进行肌肉训练可以激活最根本的"基因（DNA）誊写过程"，并制作出"蛋白质的设计图"，这个设计图叫作"mRNA"（信使RNA），整个过程称作"转录"。更早些时候，转录在学界曾备受关注。我的研究团队也曾做过实验，证实了肌肉训练可以促进转录激活因子增殖。

除肌肉训练外，转录功能的激活还可以通过很多其他刺激方式完成，但转录激活机制非常复杂。所以从那以后，研究人员就将目光从mRNA转向了蛋白质的合成（翻译）过程。

简单来说就是，人们将关注点从产品（蛋白质）"设计师"转向了"产品制造工厂"。核糖体是细胞中的一种细胞器，也是制造蛋白质的工厂。很多蛋白质的结构图被送到这一工厂，要是工厂不工作的话，蛋白质就无法合成了。所以为了合成足量的蛋白质，就要不断给工厂施加刺激，使其满负荷运转。

这个所谓的"刺激"就是"mTOR"（哺乳动物雷帕霉素靶蛋白），它是一种蛋白激酶，现在备受关注。下面就让我们详细了解一下mTOR吧。

影响肌肥大的关键性因素——mTOR

人们对mTOR的认识历程始于一个线虫实验。研究人员发现，向线虫体内注入一种名为"雷帕霉素"的免疫抑制剂后，线虫停止了生长。调查原因时，我们发现了一种受雷帕霉素影响而活性受到抑制的蛋白质——TOR（雷帕霉素靶蛋白）。

TOR如果与雷帕霉素结合，就会失去自身机能，从而使线虫的身体发育停滞。TOR是一种对身体发育非常重要的蛋白质，也存在于哺乳动物的细胞中，即mTOR。

后来研究人员又发现，在肌肉训练过程中，当肌肉承受负荷时会引发mTOR的磷酸化反应（磷酸与蛋白质紧密结合，就会对蛋白质产生激活作用或抑制作用），磷酸化反应还会引发相关化学反应（这个反应体系称为"mTOR信号通路"）。基因翻译是蛋白质合成的最后阶段，一系列的化学反应完成后，基因翻译的活性会更强。这一发现证明了mTOR是连接肌肉训练与肌肥大的"桥梁"，这一观点已成为众多研究人员的共识。直到现在，很多与肌肥大相关的研究还是围绕mTOR进行的，我的研究团队也不例外。

对mTOR的进一步研究会改变肌肉训练常识吗

mTOR磷酸化反应的不断进行反过来也会抑制蛋白质的分解。也就是说，核糖体中蛋白质合成能力增强的同时，自动分解能力也在下降，最终蛋白质含量增加。这说明有效促进mTOR磷酸化的运动具有使肌肉变粗的效果，这也是目前学界的观点。

以我们团队的研究——利用小鼠进行肌肉拉长收缩训练（在肌肉发力的同时放下负荷物）为例。当小鼠处于发力状态时，缓慢抻拉它的肌肉，使之进行轻运动。结果发现，这时的mTOR磷酸化活性提升，蛋白质的合成能力也增强了。但如果在小鼠发力的同时，突然以极快的速度抻拉它的肌肉，mTOR磷酸化的活性则会降低，蛋白质的分解却能得到激活。这意味着如果肌肉反复经历像急刹车那样激烈的拉长收缩，其实是不利于肌肥大产生的。

上述肌肉的轻运动影响了mTOR磷酸化状况。恰到好处的肌肉刺激能增强蛋白质的合成能力，方式不当反而会促进蛋白质的分解。这种现象在人体中也非常常见。

与mTOR相关的研究还在推进中，如果下功夫进行数据研究，我们有可能得出一套更有效的训练方法，说不定还能带来肌肉训练常识的变化。

肌肉的轻运动影响了mTOR磷酸化状况。恰到好处的肌肉刺激能增强蛋白质的合成能力，方式不当反而会促进蛋白质的分解。这种现象在人体中也非常常见

肌肉变粗的机制（三）

如今的肌肉训练常识已发生了改变，
即使不施加80%的1 RM肌力的负荷，
不同的肌肉使用方式也可能使肌肉变粗。

使肌肉变粗的五大因素

上一节我们讲解了"蛋白质代谢机制"的相关内容。mTOR能够激活蛋白质的制造工厂（核糖体），现在的肌肉研究大多集中于以mTOR为中心的反应系统方面。

但从科研角度出发，我们想更详细了解的其实是更上游阶段的刺激。至于蛋白质工厂如何运作，我们的探索也正在逐渐深入。但是从人们进行肌肉训练开始，到对"工厂"产生刺激为止，这之间发生了什么？更具体的情况，我们目前的了解还不够深入。

经过长期训练肌肉一般会变粗，这是一个简单而直观的现象。可是站在研究人员角度，对这一过程进行解析难度却很大。也就是说，我们还不知道训练时到底是产生了哪种

"因子"引发了肌肉变粗。

弄明白这一点，肌肉训练的方式就可能发生巨变。只要调查清楚这种"现象"的真面目，并施加最强烈的刺激，肌肉就可能变到最粗。

虽说还没搞清楚这种"因子"的真面目，但我们可以给出几个可能相关的因素（见图6.1），如机械应力、代谢环境、氧环境、激素和生长因子、肌纤维的损伤和再生。我们猜测很可能是这些因素相互作用产生了复杂的复合效果，才

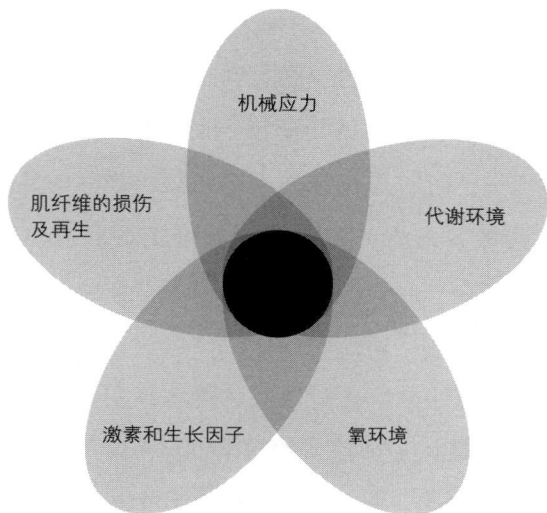

图6.1 "运动刺激"的五大因素
促使肌肥大的方式很多。单一刺激虽然有效，但最好的方式还是像图片中间颜色较深的部分一样，使所有的因素都得到良好的刺激

使肌肉变粗的。不过各因素之间是如何相互作用的，我们现在还无法给出结论。本节我将在这五个因素中挑选具有特殊地位的"机械应力"进行说明。

100多年前人类就开始应用"机械应力"的概念了

机械应力属于力学方面的刺激。如果说力学刺激必然导致肌肉变粗，这一说法似乎没有问题。肌肉对强力的对抗或忍耐都可称为"适应现象"，肌肉也会因此而变粗。所以脱离机械应力谈肌肥大，是无法成立的。

既然如此，大家自然会联想到一个观点——只要进行高强度的肌肉训练，肌肉就会变粗。而且这一观点早在100多年前就出现了，有"现代健美运动之父"之称的尤金·山道正是通过这种方式练就了一身结实健美的肌肉。经过健身爱好者们的体验和研究，最终总结出了"80%的1 RM肌力，每组8次，每次3组"的负荷强度原则。

作为该领域的科研人员，职责要求我们必须搞清楚并能从生理学角度解释，为什么负荷为80%左右的1 RM肌力时肌肉会变粗，而负荷为60%左右的1 RM肌力时肌肉不会变粗。上一章讲到的"大小法则"就是在解答这一问题时获得的成果。当我们发力较小时，只能募集到运动单位较小的慢肌纤维；当我们必须发力巨大时，才需要募集快肌纤维。

为了使肌肉变粗，人们必须调动快肌纤维，但如果我们发出的力不够大，根据大小法则，就无法调动快肌纤维参与运动。因此，人们一直认为，只有承受高负荷、发力巨大时，才能使肌肉变粗。

实际上很多实验已证明，在普通的肌肉发力训练中，如果不能充分地调动快肌纤维，肌肉也不会变粗。

关于机械应力常识的变化

随着研究的深入，想要充分调动快肌纤维，其实不一定必须达到80%的1 RM肌力这个负荷强度。

其典型的例证就是加压运动法。如果使用加压训练带将肌肉紧紧束缚住，运动一会儿肌肉就会感觉疲劳，这会比平常更快地募集到快肌纤维。

保持张力的同时进行轻运动也会产生相同的效果。我们的研究也表明，轻运动的最后阶段也可以调动快肌纤维。所以，如今的肌肉训练常识已发生了改变，即使不施加80%的1 RM肌力的负荷，不同的肌肉使用方式也可能使肌肉变粗。

此外，在肌肉发力的同时，抻拉肌纤维进行拉长收缩，也是在不需要肌肉发出强力的前提下调动快肌纤维的方式之一。

近期研究表明，向肌肉施加低负荷，反复进行某一动作，直至肌肉陷入极度疲惫状态，这种方式也会降低快肌纤维的调动难度。

　　不过单就机械应力而言，仅一两次的刺激是不够的。想要使刺激强度达到肌肉变粗的程度，必须保持较长时间的发力或反复发力，以使肌肉大量耗能，而这些都与"代谢环境"密切相关。所以代谢环境与机械应力一样，都是影响肌肥大的重要因素。

肌肉变粗的机制（四）

肌肉训练产生的刺激能促使肌纤维分泌IGF-I，而体育界的IGF-I滥用问题令人担忧。

"体育锻炼会损伤肌肉"观点的谬误

前一节提及了可能使肌肉变粗的五大因素，并主要针对机械应力进行了讲解。

虽然机械应力是决定体育锻炼对肌肉影响的主要因素，但其他因素与肌肥大之间也存在复杂的关系。氧环境和前一节提到的代谢环境就是两个重要因素，肌纤维的损伤和再生也可能引发肌肥大。

关于肌纤维的损伤和再生，在体育锻炼一线有一种极端的观点——"体育锻炼会损伤肌肉"。其实肌纤维是不会轻易受损的，大多数情况下的损伤不过是肌肉的疲劳或肌细胞膜机能的轻微损伤。虽然肌肉在进行拉长收缩时，肌肉构造方面确实会出现微小的损伤，但达不到严重伤害的级别。正常肌肉训练导致的极微小损伤，人们可能根本来不及产生痛感，伤口就自动痊愈了。

因此，"体育锻炼会损伤肌肉"的观点是错误的。教练员们要明白，即使不进行损伤肌肉的强烈刺激性训练，肌肉也会真正变粗壮。

另外，研究发现，如果稍微提高并保持肌纤维中钙的浓度，它会变为肌肉变粗的"刺激剂"。而且除了肌肉训练外，向细胞中注入辣椒素似乎也能引发相同的反应。有朝一日辣椒素也可能成为肌肉变粗的"刺激剂"。

蛋白同化激素相关的新研究

关于激素问题，近十年来研究人员的思想逐渐发生了转变，不再像过去那样重视激素了。过去人们认为，肌肉训练可以增加雄性激素的受体数量，这时如果把蛋白同化激素注入身体，肌肉就会变粗。但是现在越来越多的人认为，肌肉变粗分为两个阶段：第一阶段，雄性激素激活基因的转录活性；第二阶段，充分的肌肉训练促使基因"翻译"过程满负荷运转。

最近关于蛋白同化激素的研究，《生理学杂志》（*Journal of Physiology*）刊登的一组耐人寻味的数据表明，蛋白同化激素的大量使用会增加肌纤维核的数量，而且这种现象在激素停用、肌肉萎缩后仍能持续一段时间。

小鼠实验的结论证明了这一点，这也成为"肌肉有记忆能力"（肌肉记忆）的证据。也就是说，激素停用后肌肉依然处于对训练敏感的状态。只要恢复训练，肌肉就会比以前更容易变粗。

根据人与小鼠寿命的换算，人体肌纤维的增加可能会持续十年左右。如果某个体育运动员在十年前就已经停用激素，但他的兴奋剂检测仍然呈阳性，则说明他所取得的成绩可能与十年前激素效果的持续有关。因此有观点认为，运动员一旦使用兴奋剂就要被禁赛十年，否则对其他运动员来说不公平，不这样做就无法根除非法使用兴奋剂现象。

基因兴奋剂的滥用令人担忧

关于兴奋剂问题，现在最令人恐惧的可能就是基因兴奋剂了。肌肉训练产生的刺激能促使肌纤维分泌IGF－Ⅰ（胰岛素样生长因子－Ⅰ），并产生肌肥大效果。虽然IGF－Ⅰ的应用在基因治疗方面备受关注，但其在体育界的滥用令人担忧。因为如果将携带IGF－Ⅰ基因的病毒注射到肌肉中，即使不经训练，也可以快速产生肌肥大效果，大幅增强肌肉力量。而且这种病毒无法通过血液检测发现，也不会产生不良反应。有人曾用一种名为"食蟹猴"的猴子进行试验，最终得出了相同的结果，这说明基因兴奋剂确实可以用于人类。

　　如果基因兴奋剂真的出现了，最令人头疼的问题就是无法通过尿液和血液检出。只能通过活检等费用较高的检验方式，才能检测出来。如果真的有运动员违规使用基因兴奋剂的话，就无法保证比赛的真正公平了。这样的场景想想就可怕，如果真的如此，竞技体育也就失去了意义。

有研究证明了肌肉记忆的存在。如果人类使用蛋白同化激素，就会更容易产生肌肥大效果，且这种效果会持续十年左右

PRACTICE

实践篇

本篇我们将重点介绍如何训练肌肉。

大家只要掌握了高效的训练方法，就能轻松锻炼出理想身材并提升运动表现。

PRACTICE

第七章

衡量训练效果的指标

训练效果

一种训练只能实现一个主要目标，如果还想实现其他目标，请针对该目标另行训练。

一种训练只产生一种较强效果

从这一节开始，我们将把训练重点转移到肌肉训练的实践上来。

我们必须了解，进行肌肉训练有一个特点，即通常情况下一种训练产生的较强生理效果只有一个。

例如，进行肌力增强训练的效果是肌力得到增强，但肌力增强并不代表竞技能力得到了提升。肌肉训练的特点在于，通常情况下一种训练项目主要锻炼一个部位的能力（根据训练项目的不同，也有锻炼多个部位的可能）。所以，一般来讲我们不要奢望一种训练能够带来多种效果。虽然这一观念已深入人心，但还是会出现"某种训练，既有这种效果，又有那这种效果"的宣传语，从而引发很多误解。

任何人都希望只需做一种训练，就可以达到力量变大、外形变美、竞技能力增强、身体健康等多项目标。但是一种训练只能实现一个主要目标，如果还想实现其他目标，请针对该目标另行训练。说到最终的训练效果，一定要综合多种训练效果进行评价。我认为，对于体育训练来说，培养这种认识十分重要。

获得最佳训练效果需要考虑的因素

第一点，必须准确分析目前自身的体能状况，并设定具体的目标。例如，现在需要提升的是什么？要训练哪块肌肉？想达到何种强化效果？

第二点，为实现以上目标，思考何种训练方式对自身来说最适合。

第三点，对于即将进行的训练，要对它的机制和效果有一定的了解，千万不要凭感觉选择。

第四点，对于训练效果进行准确的测定和评价。例如，肌力有没有顺利得到增强？还有哪些需要改善的地方？下一阶段要做什么？

始终牢记以上四点并不断付诸实践非常重要。如果训练能实现设定的目标，我们就认为这次训练取得了初步成效。例如，我们的目标是使膝部伸展肌力增加20%，经过3个月的训练，如果测量数值达到了这一目标，就可以认定这项训练是成功的。

但就像前面所说的那样，"成功"一定能体现在比赛成绩中吗？这就不属于训练讨论的范畴了。至于训练的辐射范围有多广、要实现何种目标才能认定为真正的成功，这就需要进行进一步的鉴定了。

测定训练效果的四个指标

想要准确反映训练的效果，第四点中提出的测定和评价方式尤为重要。我们应该如何进行训练效果的测定呢？具体包括以下4个指标。

1. 1 RM肌力（能举起的最大重量）；

2. 最大自主等长肌力；

3. 等速肌力；

4. 等张收缩速度（力量—速度关系）。

1 RM肌力是指一次能举起的最大重量，它是肌肉训练中的一项常用而直接的指标。最大自主等长肌力在训练等场景中经常用到，比如使用握力计或背肌测力计进行的测量，测出的就是最大自主等长肌力。但我们日常生活中所见的器械只能测量握力和背肌力，难以测量其他部位。等速肌力可以评测包括等长收缩在内的肌肉动态特性，通过等速肌力的测量能够详细分析肌肉功能的变化，但是这需要具有等速测力计这种专业器械。等速测力计并非常用器械，只有在体育馆等场所才能见到。等张收缩的力与速度关系是在特殊等张力条件下测得的结果，是不留死角、全面检测肌肉特性的最佳方式，但问题在于这种检测方法很难实现，必须使用一般场所不具备的专业器械，而且只能在研究机构等特殊场所才能进行。

综上所述，实际训练时，在可以选择的肌力测量方式中，测量1 RM 肌力是最合适的。而且在一些体育锻炼相关的学术论文中，1 RM 肌力通常被作为"肌力"的基准。只要正确测量出1 RM 肌力是多少，就相当于测量出了肌力大小。关于1 RM 肌力的内容，我将在下一节中继续说明。

实际训练时，在可以选择的肌力测量方式中，测量1 RM 肌力是最合适的

1 RM 肌力的测量

测量1 RM肌力时，一定要确保正确的测量体位，不要反冲发力。

每两周测一次肌力

前一节讲到，在训练现场可选择的肌力测量方式中，1 RM 肌力的测量是最好的选择。只要知道了 1 RM 肌力的大小，就能轻松判定训练时的负荷强度。另外，1 RM 肌力与目标设定及促动因素也有直接关系。因此，我建议大约每两周进行一次 1 RM 肌力的测量。

但是 1 RM 肌力的通用指标是通过自由重量测量的，比如在杠铃的卧推项目中，日本与美国的 120 kg 推举纪录，两者之间几乎可以画等号。

尽管不同地方的卧推台和杠柄等部位会有微小的差别，但无论场地如何变化，配重质量是不变的，所以在日本测得的数值，在英国、澳大利亚可以通用。

但是在利用器械进行测量时，负荷物与肌肉之间的滑轮、滑道等结构会产生摩擦力；而且器械类型不同，上举过程中的负荷量也会有一定的差别。所以，通过某种器械测得的 1 RM 肌力负荷量的数值只能在该类器械中通用。器械测得的 100 kg 上举负荷量，是否就是真正的 100 kg ？这一点我们不得而知，望大家明白其中的差异。

确保正确的测量体位

对于中、高级肌肉训练者来说，1 RM 肌力的测量是一件很容易的事情，但是对于那些欠缺经验的初学者，1 RM 肌力的测量难度较大。如果他们完全不懂"一次能举起的最大负荷量"是什么意思，就会反复进行错误的尝试。有人一上来就去挑战对他来说过重的杠铃，失败后再去尝试轻一点的，

还不行的话再减轻负荷量。这样反复举起、放下会导致肌肉疲劳，好不容易测得的1 RM肌力数值也会偏小。1 RM肌力的测量原理很简单，但是想测得真实的数值，还需要一定的经验积累。

另外，有人因追求1 RM肌力数值的突破而过分勉强自己，那么他的上举姿势就容易错误百出，无论如何一定要在测量时保持正确的体位。特别是在加强训练中，如果过分逞能，举不动还要硬举，肌肉会因此受伤。有一种训练技法名为"欺骗训练"，请大家在测量1 RM肌力时一定不要反冲发力，要重视测量体位的正确性。

用最大重复次数推算1 RM肌力的大小

在发出最大力量举起物体的瞬间，很多人都会屏住呼吸、快速收紧躯干。此时不仅关节要承受很大的压力，血压也会上升，所以对于那些本身血压偏高的人或老年人群来说，绝不能采用一口气式的1 RM肌力测量方法。这种情况下要放弃1 RM肌力，转而利用"RM强度"指标。

RM是指最大重复次数，即在一定负荷量下能完成动作的最大次数。例如，某人在40 kg负荷量下最多能举起8次，这就意味着此人的8 RM肌力负荷量为40 kg。如果在40 kg负荷量下训练一段时间，最终能举起10次，那么就要把他的负荷量变为42.5 kg。如果在42.5 kg负荷量下他最多还是能举起8次，就说明他的8 RM肌力负荷量增加了2.5 kg，这样8 RM肌力的测量也能达到与1 RM肌力相同的效果，我们就能掌握自身肌力的增加幅度了。

想必很多人都执着于自己的1 RM肌力到底是多少，那么就请大家试着去对照表7.1找到答案吧。

表7.1　占1 RM肌力的比例和重复次数

占1 RM 肌力的比例	重复次数
100%	1 次
95%	2 次
93%	3 次
90%	4 次
87%	5 次
85%	6 次
80%	8 次
77%	9 次
75%	10 次
70%	12 次
67%	15 次
65%	18 次
60%	20 次
60% 以下	20 次以上

注：根据训练经验等的不同，可能存在误差

8 RM肌力相当于1 RM肌力的80%，所以如果8 RM肌力负荷量是40 kg的话，1 RM肌力就可以通过40÷0.8＝50（kg）来计算，此时我们推测此人1 RM肌力的负荷量是50 kg。运用这一方法可得到1 RM肌力的大致数值，直接按照这一指标指导训练也是可以的。

实际上在进行换算时，8 RM肌力的负荷量应该在40 kg的基础上再加5 kg，变为45 kg。再根据45 kg的结果换算1 RM肌力的负荷量大小，就能得出1 RM肌力的负荷量由50 kg增加到了56.25 kg。虽然这个计算过程讲解起来有些复杂，但它的确能得到一个更准确的预估数值。

有些数值表7.1中没有具体列出，如果大家想知道，可以套用公式进行计算。关于1 RM肌力的计算公式有多种，这里我只向大家介绍其中的一种，即梅尤等人在2004年推出的计算模型：

$$1 \text{ RM肌力} \approx 质量 \times [1+(RM-1)\div30]$$

这个方法虽然有些复杂，但对于那些需要准确掌握自身肌力的人来说，可以套用此公式推算1 RM肌力的大小。

最大自主等长肌力的测量

想要提升肌肉发力的速度，需要稍微减轻负荷量，再辅以动作速度提升训练。

用握力计和背肌测力计进行肌力测量并不容易

通过前一节的介绍我们知道，1 RM肌力测量的基准在于能否完成负荷物的上举。想要完成上举，参与这一动作的全部肌肉必须足以承担起负荷物的重量，如果其中某一部分肌肉力量不足，或身体不能灵活调动某一部分肌肉，就不能成功举起负荷物。反言之，只要针对能力较弱的肌肉进行强化训练，就有可能实现增强1 RM肌力的目标。

需要强调的是，本节所说的"最大自主等长肌力"指的是静态肌力（肌肉在静止状态下的肌力）。因此，通过这种测量方式测得的数值能够排除动态发力时动作本身的影响。它切断了肌肉发力与肌肉动作之间的关联，对于研究肌肉本身性质的差异和构造来说，这是一个有利因素。

没有运动习惯的人在训练三四个月后，1 RM肌力可能会增加至原来的2倍。但是如果再次测量他们的最大自主等长肌力就会发现，很多人的肌力只有5% ~ 10%的增加。为什么1 RM肌力会增加至原来的2倍呢？因为剩下的90% ~ 95%是学习效果带来的运动表现能力的提升。

从这个例子可以看出，在着重研究肌肉本身性质的情况下，还是不要进行1 RM肌力的测量为好。虽然测量最大自主等长肌力最为方便，但在测量时有些地方需要特别注意。例如，握力计手柄的最适尺寸是多少；调整手柄尺寸，测量结果会发生10%左右的变化。每个人的手形都不一样，我们无法保证所有人的指关节放在同一位置时都能产生最大肌力。到目前为止，我们团队获得的握力数据已经堆积如山，但这些数据中恐怕没有多少是细致规范地测得的。

背肌力也是同理。根据测力计链条长度的不同，数值会产生较大的浮动。虽然关于测量体位确有基本规定，但是所有人都能完全规范地完成吗？就算使用同一个测力计，谁又能保证测量时的所有条件都不变化呢？肌力测量本身很简单，但想要测得准确的数值却比较困难，这也是最大自主等长肌力测量需要注意的地方。

肌肉的发力大小随关节角度的变化而变化

从本质上讲，肌肉能发出多大的力与发力时的关节角度有关。例如，肘部屈曲时，肘关节超过90度时的发力值与呈90度时的发力值有很大差别。肌力（这里指肘部的旋转力）值在大小臂呈100 ～ 110度角时达到最大，如果突破这个范围，无论是继续屈曲还是伸展，肌力值都会变小。

请大家在深刻理解关节角度与肌肉发力大小关系的基础上，测量肌力时保持同样的体位和其他条件。肌力值提升确实可喜，但如果变大的肌力值是由于测量体位不规范得到的，那么这一数值并不能准确评价你的真实肌力情况。不过在进行个人数据测量时，训练前后的测量方法和体位都不会发生太大的变化，所以保持正确的测量体位也没有那么难。

提升肌力"爬升"速度

最大自主等长肌力是在静止状态下测量的结果。以最大自主等长肌力为基础，一气呵成使发力攀升至顶峰的能力，是追求"发力速度"的竞技体育项目运动员的必备能力。但请注意，必须"一口气发出最大肌力"。

一个人的最大肌力与发力速度之间没有因果联系。有的人最大肌力很大，但从开始发力到升至顶峰可能需要0.5 ～ 1 s的时间，这样的人属于发力速度缓慢的类型。假如一个人的肌肉发力可以在200～300 ms这种极短的时间内完成，就可以认为他的发力速度较快。发力速度的快慢重点取决于能否在特定时间内实现肌力的"爬升"。

只要测量肌力爬升曲线中，到达峰值一半位置用时多少，就可以得到"1/2爬升时间"（见图7.1），这是研究发力速度的一个有效指标。1/2爬升时间越短，肌力到达峰值的速度越快。通过训练缩短1/2爬升时间，才有可能提升发力速度。在此基础上，再专门针对特定体育项目进行战术训练，就很容易提升运动表现。

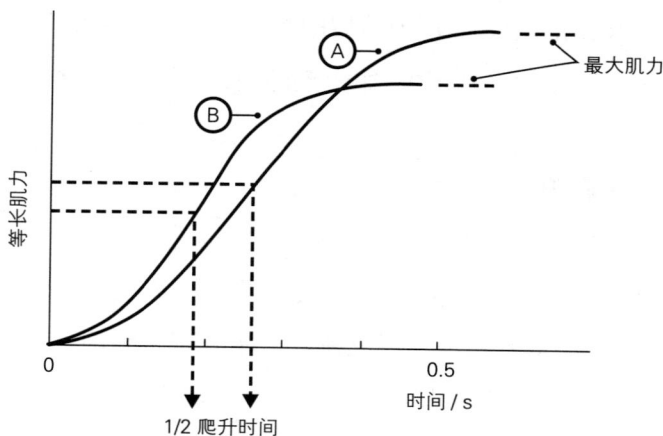

图7.1　发出等长肌力时的肌力爬升曲线
A 最大肌力大，但发力速度慢；B 最大肌力小，但发力速度快。肌力达到最大值的 1/2 所用的时间（1/2 爬升时间）是衡量发力速度的有效指标。B 在加速度方面更占优势。两种类型哪种更好？这需要根据竞技项目的特性做出判断。

　　普通训练很难提升发力速度。负荷物越重，使负荷物移动就越困难，所以高负荷训练很难实现肌力爬升速度的提升。此时强行加速负荷物的移动，受伤的可能性较大。

　　弹震式训练就是略微减轻负荷量以求快速运动和瞬间发力的训练方法，它具有提升发力速度的效果。进行弹震式训练，只需将训练者的负荷强度降至 1 RM 的30% ~ 50%，不过弹震式训练本质上也属于一口气举起负荷物的训练方式。

等速肌力与等张收缩速度的测量

肌肉等张收缩速度的测量从高速度低负荷开始，到高负荷低速度结束，几乎可以测得肌肉的力与速度变化的全过程。

测量等速肌力有利于详细分析肌肉发力，但很难付诸实施

前一节讲的是 1 RM 肌力及由此引出的最大自主等长肌力的测量，这一节我们继续学习肌肉的等速肌力和等张收缩速度的测量方法。

通过测量等速肌力，我们可以了解不同运动速度下肌肉发力的大小，或者记录动作速度变化时肌肉发力的变化等。通过测量等速肌力可以测得肌肉在缩短收缩、拉长收缩，也就是负荷物上升或下降时肌力的变化。与 1 RM 肌力和最大自主等长肌力测量相比，等速肌力的测量可以对肌肉发力进行更详细的分析；而且在肌肉的等速收缩过程中，还包含了速度为 0 时的肌肉状态，也就是等长收缩状态。因此，等速

肌力的测量涵盖了前一节介绍的最大自主等长肌力的测量。

等速肌力的测量虽然有其优点，但也有不足之处，这主要体现在测量仪器上。尽管现在市场上已经推出很多个品牌的等速测力仪，而且操作简单，但这些仪器大都价格昂贵，且属于医疗康复器械，非医疗机构不能购买。

在很长一段时间内，这些器械只能测量类似肘关节屈曲、膝关节伸展这种单关节运动中肌肉发力的大小（我们积累的数据也几乎都是这类肌力数据）。在复合关节运动条件下，也就是在接近日常生活和体育运动的条件下，等速肌力的测量难以进行，这是等速肌力测量的另一个不足之处。

改良后的等速测力仪

不过现在也出现了测量推举、拖拉等复合关节运动肌力的等速测力仪。大约十年前，Ariel 等速测力仪开始发售，这大概是世界上第一种可以在复合关节运动条件下进行肌力测量的等速测力仪。在日本，我参与研发的 Medimo 测力装置也于 2012 年进入市场。Ariel 等速测力仪的基本发力构造与 Biodex 等速测力仪等针对单关节运动的测力仪相同，也是采用电动机旋转运动，但使用了长杠杆以更好地发力。而Medimo 加入了一个新装置，可以将电动机的旋转运动转变为直线运动。以上两种测力仪都可以满足直线运动的测力需要，如手臂的推拉运动等。

Ariel 和 Medimo 是价格昂贵的仪器，目前只能在特定场所见到。但考虑到当前的市场需求，将来它们可能会成为生活中常见的仪器。这样我们就能轻松了解肌肉的力与速度情况，探明更多 1 RM 肌力测量所不能体现的指标。现在的肌力测量方式与过去相比，已经发生了相当大的变化。

等张条件下的速度测量是全方位了解肌力指标的最佳方式

肌肉等张收缩速度的测量需要多次举起不同质量的负荷物，这一点与 1 RM 肌力的测量方式不同。1 RM 肌力是指一次能举起的最大重量，因此如果负荷量超过最大值就不再举了。而在等张收缩速度测量时，面对各种负荷强度，受试者都可以尽最大努力（充分调动肌肉力量举起负荷物），而且等张收缩速度的测量结果可以同时体现肌肉的力与速度情况。

在肌肉等张收缩速度的测量中，当负荷物较轻时上举速度较快，随着负荷物的不断加重，上举速度会渐渐变慢，最后运动停止速度变为 0（速度归零瞬间的肌肉发力为最大等长肌力）。将负荷物稍微减轻，等受试者恢复体力后，再使其努力完成一次动作，这时的发力大小就相当于 1 RM 肌力了。等张条件下的肌力测量更加全面，几乎可以从各个维度分析肌肉在发力状态下的力与速度关系。

　　前面介绍过的等速测力仪均需要电动机维持运转，因此它们的运转速度都存在极限。换句话说，现在世界上还没有一台等速测力仪的性能可与人体发力的速度完全契合。现有等速测力仪的速度如果能提升至现在的3倍且测量精度良好，它的测量范围就会得到极大拓展。与人体的最大速度相比，等速测力仪的速度测量范围要小得多。等速测力仪所测量的力与速度关系，至多不过是人体完整的力与速度关系的1/3。不过肌肉等张收缩速度的测量从高速度低负荷开始，到高负荷低速度结束，它的测量范围几乎可以覆盖人体发力的全过程。

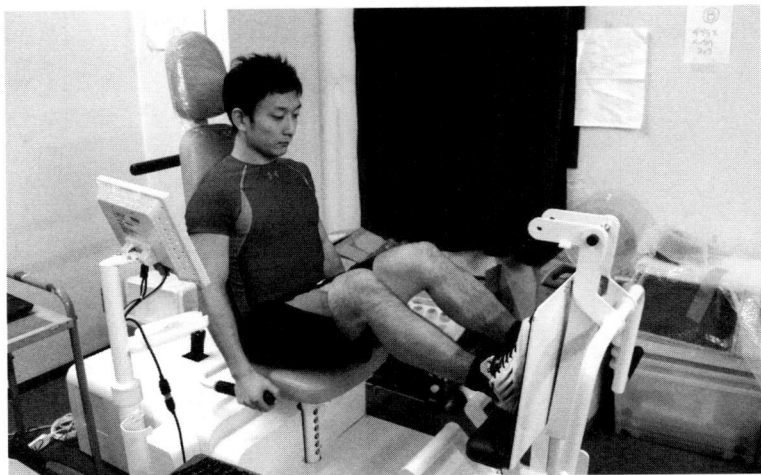

作者参与研发的等速测力仪 Medimo。等速测力计的研发正在飞速进行，不久的将来它们可能会变得触手可及

综上所述，想要全方位了解肌力指标，测量肌肉的等张收缩速度是最好的方法。但遗憾的是，目前等张收缩速度的测量很难付诸实践。首先是惯性等因素的影响，能够兼顾这些因素，还能确保测量准确度的仪器，本身的制造难度就很大。即使能成功完成等张收缩速度的测量，我们还需要具有数据分析处理的专业知识。想要使测得的数据直接应用于体育锻炼中肌力的评价，进行等张收缩速度的测量是个理想的选择。不过想要实现任何人都能随时随地进行肌力测量，还需要一段时间。

PRACTICE

第八章

选择训练项目的重要原则

肌肉训练的特异性原则

很多训练项目可以相互替代，重要的是将什么作为训练重点。

训练遵循特异性原则

很久以前，关于肌肉训练的书籍中就有"特异性原则"的内容。训练遵循特异性原则，即我们进行某项训练时，只能获得与该训练相对应的效果。如进行肌肉耐力训练，耐力可能会得到大幅提升，而肌力与速度的提升幅度则可能较小。如果我们进行的是肌力与速度的训练，那么就不要指望耐力提升。

但是无论什么时代，都有人希望某项肌肉训练能够打破特异性原则。希望存在一种万能的训练，既能增加肌肉力量，又能提升肌肉发力速度，还能让肌肉更有耐力。但是从生理学角度出发，这种训练是不存在的。

例如，爆发力和耐力是两种截然不同的能力，所以奥运会的短距离项目运动员很难在马拉松项目中取得优异成绩。反过来，在100 m跑中，马拉松运动员即使拼尽全力，成绩可能也只比普通人好一点，与该项目的顶级运动员相比，成绩还是相差甚远。

想要把人体的各项生理机能都提升到顶级水平是非常困难的。

世上没有万能的训练方法

理解特异性原则可能会起到出乎意料的重要作用。近年来，只要有新的训练方法或者肌肉训练动作问世，马上就会得到媒体的极力鼓吹，而对于其他训练方法则一概否定，而且新方法越是特殊，这种倾向性就越强。媒体们"只要做这个，一切都OK"的宣传方式并不少见，"核心力量训练"就是其中一个典型例子。对于这一现象，大家一定要予以重视。

"只要做这个，一切都OK"，只要人们遇到这类宣传，就很难抵挡它的诱惑。这也要做，那也要做，大家就会觉得麻烦，相比之下还是一劳永逸的做法让人省心。这种心情可以理解，但非常遗憾，世界上并没有万能的训练方法。实际上，每种训练方法只能显现与之对应的某种效果，请大家务必牢记。

乍一看，有的训练方法似乎可以同时实现多种效果。例如，在增强肌力的同时也提升一定的耐力，又或者在耐力提升的同时也增强了一些肌力。具体来说，只要在循环训练过程中，有意识地倾向于肌肉力量，就有可能在增强肌力的同时，使肌肉耐力或整体耐力得到不错的提升。

基于不同的训练方法，的确有可能实现复合训练效果。但是相比专门的肌力、耐力提升训练，具有复合效果的训练方法获得的效果要差很多。也就是说，那些追求多种训练效果的方法，反而在每种能力的提升方面都成效有限。

选择符合自身需求的训练项目

很多训练项目可以相互替代，重要的是将什么作为训练重点。

训练项目本身并无好坏之分，重要的是训练者的想法——必须知道现阶段自己需要什么，应该进行怎样的训练。了解各种训练的特点并结合自身需求选择训练项目，才有可能提升竞技能力和运动表现。

选择训练项目的关键，首先要考虑自己是否适合这一项目——该项目能否扬长避短？但是判断我们选择的训练项目是否适合，还要把它放到时间维度来看，特别是在肌肉训练方面。需要提醒的是，发育期最好避免剧烈的肌肉训练刺激。

对于不符合自身预期的训练项目，我们没必要硬来，也不要来者不拒地尝试各种训练。当然这些风险可以通过丰富的知识储备来规避，只要大家具备了相关的专业知识，就能获得良好的训练效果。

就算你选择同时进行多项训练，也一定要把其中的至少一个训练项目在一定时间内认真坚持下去，这一点很重要。不要过度尝试新东西，一个训练项目如果半途而废，好不容易得来的成果就付诸东流了。学习新东西固然重要，但更重要的是坚定信念将某项训练坚持下去。

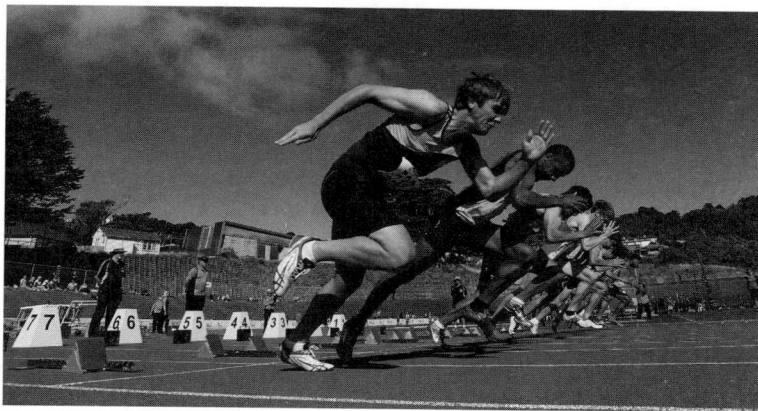

即使是在奥运会上获奖的短跑运动员，也可能很难在马拉松项目中夺得奖牌。爆发力和耐力是两项极端能力，几乎没有人可以同时具备顶级的爆发力和耐力

提升运动表现的肌力训练

　　竞技项目中，优秀教练员的综合评判最为精准。

只进行体干核心训练无法获得整体运动表现的提升

　　前一节的主要内容是"特异性原则"，有很多训练方式可以相互替代，选择符合自身需求的训练项目最为重要。本节我们将针对训练项目的选择进行更深入的讲解。

　　举个例子，某位运动员进行体干核心训练后，竞技能力得到了大幅提升，这可能是体干核心训练效果的显现，也可能是因为他四肢肌肉的力量与速度都很好，只是核心力量较弱。他的肌肉乍一看很强壮，但是动作的整体连贯性不好，所以这位运动员可能存在动作稳定性差、动作技术完成度低、发力不流畅等问题。然而他并未意识到这些问题，偶然的体干核心训练恰好弥补了这些不足，所以最终在运动表现提升方面取得了显著成效。

也就是说，体干核心训练带来的运动表现的提升可能只是"偶然"的结果。如果仅仅根据这一结果就下结论——只需进行核心训练就万事大吉，那么这个判断过于草率。对于那些躯干力量足够但四肢力量不足的运动员来说，无论怎样努力进行体干核心训练，运动表现都不可能大幅提升。

足球运动员长友佑都的体干核心训练法非常有名，最近从大人到孩子，几乎所有人都把"体干"一词挂在嘴边，俨然已成为潮流。但是如果大家觉得自己只要进行体干核心训练，就能和长友佑都拥有一样的运动能力，那就真的错了。长友佑都之所以采用体干核心训练法，是因为他的四肢力量已经足够强，身体耐力等综合能力也已经相当优秀。只有建立在这些基础上的体干核心训练，才能在运动表现方面获得较大提升。

在训练的早期阶段开始进行体干核心训练并无不可

想要拥有力量大、稳定性好、完成度高的运动表现，躯干起到了至关重要的作用。真正的肌力训练最好开始于人体发育完成后，但是只要体干核心训练控制得当，即使是孩子也可以进行。

脊柱包含很多关节，灵活度较高。躯干肌肉控制的并非简单的某个关节的屈伸，而是整个脊柱的活动。脊柱周边的肌肉可以帮助身体完成各个方向的屈曲、扭转等运动。想要提升这些运动的表现，相较于增加肌肉力量，能否灵活运用肌肉才是更基础的问题。特别是在体育运动方面，早日习得躯干肌肉的运用方法，不仅可以提高运动表现的稳定性，还能防止在运动中受伤。在日常训练中进行适量的体干核心训练能取得更好的效果，而且不需要达到使肌肉剧烈疼痛的程度。

需要注意的是，对于尚处于发育期的孩子来说，不要对脊柱进行强力压迫，以免对椎骨造成巨大压力，或阻碍骺软骨的发育，所以尽量不要让他们进行高负荷训练。即使想要进行负荷训练，也最好选择体干核心训练常用的橡胶弹力带训练等。

成为优秀的教练员需要哪些条件

选择适合自身的训练项目比想象中要难得多，这是因为我们很难准确把握自身的弱点。"眼力好不好"向来都是评价教练员是否优秀的重要因素。例如，一个好的教练员只要看一眼运动员的动作，就知道他的问题出在什么地方，该给他安排什么样的强化训练。教练带训成绩好与不好，其实就差在这一点上。

"既然眼力不好，那就只能通过数值来进行运动表现评价了"，大家很容易产生这种想法吧？实际上，某一项目中优秀教练员的综合评判才是最精准的，器械测得的数据根本无法与之相比。总是有人寄希望于"器械能测出某些人类意想不到的东西"，但是非常遗憾，我认为器械的灵敏度比不上人的综合评判能力。除了体温、血压等指标，想要把运动表现数值化，无论使用多么精密的器械都是十分困难的。

反过来，对于教练员来说，练就一双不依赖器械的慧眼非常重要。运动表现能力差距较大的两位运动员，他们的动作之间有哪些差异，普通人或许能看出来一点，但是想要把

一流教练员能感知每个运动员的长处和短处，并能分析每个人的问题和成长空间

握两者之间到底存在"什么不同"或"怎样的不同",就需要一双专业的眼睛了。而且因为体形和肌力等方面存在差异,每个运动员的最佳运动方式也不同。不仅能感知每个运动员的长处和短处,还能更深层次地分析每个人的问题和成长空间,这才是一流教练员的核心能力。

适应、驯化及运动训练分期化

运动训练可分为四个阶段："肌肉和体力的培育""速度和力量的提升""速度、力量与竞技动作的衔接""战略和战术的培养"。

"适应"阶段过后，身体进入"驯化"阶段

想要提高身体的某项机能，必须针对这一机能进行特殊的训练。但如果持续向身体施加相同的刺激，身体就会产生"生物适应"现象。这是身体的一种应激反应，肌力的增强、肌肉的变粗都是应对刺激的表现。

在训练初期，由于肌肉疼痛等原因，肌力会产生暂时的减弱（"警告"阶段），此后因为开始适应而陆续出现肌力增强和肌肥大。随后肌肉性能会顺利提升到某一水平并长期维持。至此肌肉的成长进入"驯化"阶段，简单来说就是"习惯"阶段。当肌肉训练进入驯化阶段后，即使再次施加与适应阶段相同的刺激，也不会出现肌力增强和肌肥大现象了。

区分"适应"和"驯化"是有一定难度的。适应是指身

体为应对强烈刺激而产生的强化，强化发展到最后就进入驯化阶段，即使再施加与前一阶段相同的刺激，身体也不会发生反应了，从某种程度上说这也是一种适应。

无论如何，如果不改变刺激的方式，身体机能就不能突破现有水平。此时如果想让肌肉"更上一层楼"，就需要改变刺激肌肉的方式。如果针对新的肌肉刺激方式也出现了驯化现象的话，那么又要考虑继续改变肌肉刺激方式了。

总之，真正的肌肉训练必须制订长期计划，这里包含一个重要概念，那就是"运动训练分期化"。

运动训练分期化可以分为两种

运动训练分期化是指将整个运动训练过程分为不同的阶段，并在不同阶段向肌肉施加不同的刺激。运动训练分期化具体可分为两种类型：一种是肌肉能力持续上升型的运动训练分期化，另一种是配合竞技项目比赛周期的计划型运动训练分期化。

第一种类型以三个月为周期，改变肌肉的刺激方式。如在举杠铃训练中，调用主要肌肉以外的肌肉进行欺骗性发力，以达到改变肌肉刺激的目的。

竞技虽说是运动员之间的竞争，但是像力量举、重量举这类比赛环境较为简单的运动，就可以采用第一种运动训练分期化模式。这些项目的日常训练内容和正式比赛内容几乎没有差别，不断举起更重的负荷物就是运动员训练的重点，训练的目的归根结底就是举重能力的强化，所以其主要战略就是不断突破停滞和瓶颈，追求训练效果的不断提升。

第二种类型是基于项目比赛的淡旺季，分阶段完成身体机能的提升。大部分运动员都会按照以下顺序逐步推进训练，首先是花时间培育肌肉，然后在接近下一赛季时，开始训练肌肉的发力与速度，从而使综合竞技能力得到提升。当然在比赛前的最后一段时间，运动员一般会腾出更多的时间练习与比赛相关的战略战术，所以在赛季型运动训练分期化中，运动员必须提前做好基础的身体训练准备。

短期运动训练分期化也要经历四个阶段

有的体育比赛可能会贯穿一整年。对于校园体育来说，不少项目都是按照"周一至周五为训练日，周六、周日为比赛日（包括练习赛）"来安排的。学生不仅要以周为单位进行比赛适应训练，还要进行长期的肌力、体能提升训练。

一般情况下，在比赛刚刚结束也就是周一或周二时，与战略战术训练相比，运动训练的重点更适合放在肌力、速度及耐力提升等训练项目上。之后随着赛期的临近，运动员们会适当削减体力消耗训练，转入战略战术训练。

　　运动训练分期化的周期即使从一年缩短到一周，其基本阶段也是不变的，都要经历"肌肉和体力的培育""速度和力量的提升""速度、力量与竞技动作的衔接""战略和战术的培养"四个阶段。其区别只在于这些是在一周之内完成的。

　　想要在周末比赛时发挥出理想水平，必须根据实际情况推敲训练计划并进行训练。如果运动员们在周五晚上疲惫不堪的话，除非己方在实力方面存在压倒性优势，否则很难赢得比赛。最好的周期训练计划要兼顾比赛当天的体力留存和日常训练的扎实推进。

想要在比赛中发挥最佳运动表现，实施运动训练分期化必不可少

双侧训练和单侧训练（一）

双侧训练具有一个显著特征——调节左右力量的平衡。

双侧肌力并非左侧肌力与右侧肌力的简单叠加

肌力训练项目多种多样，大致可分为双手或双腿同时进行的训练项目和单手或单腿训练项目。前者称为"双侧训练"，后者称为"单侧训练"。

从基本项目来看，使用杠铃的训练属于双侧训练；使用哑铃的训练既可以是双侧训练，也可以是单侧训练。单侧训练与双侧训练没有优劣之分，对于我们而言，重要的是了解它们的特点并能区分运用。

大家必须了解一个生理学特性——身体双侧同时用力时，所产生的最大力小于单侧各自用力的总和，这在专业术语上叫作"两侧性缺失"。

举个例子，如果分别测量左右手的握力，发现负荷量均为30 kg，那么同时测量两手的握力负荷量并求和，结果会是多少呢？大家都觉得是60 kg吧？实际并非如此，同时测量两手的握力并求和，最终数值大约为左右手各自握力之和的90%。也就是说，在同时测量双手握力的情况下，左右手的握力各自要较单独发力时低10%。这种现象不仅体现在肌力方面，还体现在肌肉运动的力与速度方面。

至于两侧性缺失的原因是什么，目前还没有明确的答案。有人认为其根源可能在于大脑：同时使用身体的两侧，大脑中的活动领域就不得不相应地拓宽，这对于大脑来说可能是一种负担。

还有观点认为，削弱一侧的力量对于身体来说可能更加舒适，我们的身体不可能左右完全对称。虽然大家都希望自己的身体左右对称，但是心脏确实位于身体偏左的位置，肝脏也确实位于身体右侧，身体构造本身就是不对称的。当身体两侧同时发力时，力量较弱的一侧总是会承受较大的负荷，所以整体发力的大小主要取决于力量较弱的一侧。

肌肉训练应该采用双侧训练还是单侧训练

如果要训练身体双侧肌肉，使其达到各自极限的话，只需充分训练左侧和右侧的肌肉就可以了吗？

单手持铃屈肘训练的确可能提高肱二头肌的单次发力能

力，但当人们的左右手臂力量之间有微小的差距时（我想几乎所有人都有这个问题），又会发生什么呢？两只手臂先后进行持铃屈肘训练，左右手臂能完成的屈肘次数必然不同，这样双臂的力量差距有可能越来越大。为避免这种情况发生，以力量较弱的一侧为准进行双侧训练，才更符合实际情况。

单侧训练（具体训练项目具体分析）只向身体的一侧施加负荷，但身体其他部位也能感受到一定的压力，所以单侧训练的结果加剧了身体构造的不对称性，这会导致身体局部肌肉的疼痛。

双侧训练可以改善两侧性缺失

双侧训练可以改善两侧性缺失。关于这一点，澳大利亚的研究团队联合顶级赛艇运动员进行了一次实验（见图8.1）。运动员们在日常训练中用金属板固定双脚，双手同时划桨。也就是说，赛艇运动员的竞技动作模式具有双侧性特征。

研究人员对他们的双脚进行了同时固定和分别固定，最终发现，同时发力时的肌力值相比分别发力时的肌力值几乎没有下降，他们的两侧性缺失程度较轻。从这个实验可得出结论，双侧训练具有一个显著特征——调节左右力量的平衡。

另外，跑步属于左右两侧手脚交替的运动。从运动模式

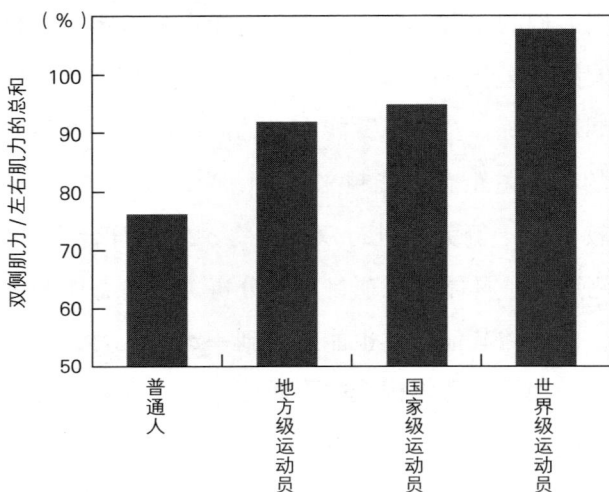

图8.1 从赛艇运动员看两侧性缺失的减轻
用金属板同时和分别固定赛艇运动员的双脚，并测量两种状况下的最大肌力。参赛级别越高的运动员，进行双侧运动时肌力下降的情况越不明显，世界级运动员的双侧力量甚至高于单侧力量的叠加

来讲，这属于单侧连续性运动。此时身体两侧的发力模式不同，当身体的一侧发出强大力量时，另一侧相对松弛。专门从事跑步运动的人，身体两侧肌肉同时发力的能力会有所下降。也就是说，他们的两侧性缺失程度较重。

因此，在日常训练中，大家应给予双侧训练充分的重视。特别是对于那些感觉自身左右肌力不平衡的人，建议有意识地强化双侧训练。

双侧训练和单侧训练（二）

单侧动作是体育运动的基本动作。只进行双侧训练会导致动作的协调性变差。

进行双侧训练要具有左右对称意识

前一节我们讲解了双侧训练和单侧训练，以及两侧性缺失现象的产生。

这里我再补充一点关于两侧性缺失的知识。我的研究室中曾有一名叫小林雄志（现为日本体育科学研究所的研究员）的学生，他做过一个实验来研究深蹲时左右肌力的不对称性。让受试者站到一块能接收地面反作用力的金属受力板上，随后开始做深蹲动作，并测量他们左右腿的发力数值。结果所有受试者都或多或少地呈现左右侧发力不对称的现象，而且负荷越大这种现象越明显。

前面我们提到单侧训练会加剧左右不对称的风险，但是深蹲这样的双侧动作也会表现出左右力量的不对称。如果放任不管，就可能加剧运动方面的障碍。

总的来说，即使进行双侧训练，也要时常注意自己的姿势及发力方式。能用金属受力板来调整自身的力量平衡，当然再好不过，但是其价格昂贵，而且对放置场所的要求较高。所以在日常生活中，想要调整左右失衡，只能请眼力好的人帮忙指正，或是对镜自照进行自我修正。像深蹲和卧推这样的简单动作，我们单凭肉眼观察就可以发现，身体在发力时会偏向某一侧，或者身体重量集中于某一侧。我认为，不放过任何一个微小的不对称信号，尽量有意识地做到左右对称才是避免受伤的第一步。

对于运动员来说，单侧训练非常重要

下面就来说说单侧训练的优点。

在很多训练中，双侧动作比单侧动作更为受限。例如，在卧推时，训练者的背部要放平，并在背部固定状态下完成杠铃的推举动作，此时肌肉的运动也会受到限制。

如果使用带有哑铃或手柄的卧推器来做单侧卧推动作的话，人们在锻炼时可以借助躯干的旋转力和肩胛骨的运动等实现负荷物的抬升，所以单侧动作比双侧动作自由度高，而且单侧动作更接近实际生活中的运动。比如，以训练胸大肌为目标，双侧训练更为适宜，但是体育运动中很少出现双臂同时做推门动作的情况（虽然相扑中有双手推的动作）。所以在体育锻炼中，最好还是采用单侧训练。

跳跃动作也是同理。双脚同时进行的强力蹬地动作会出现在篮球投篮、排球拦网时，并非体育运动中的常见动作。相比之下，助跑后单脚起跳的动作要常见得多。而且跑步是左右脚的反复交替动作，属于连续的单侧肌肉发力行为。因此，单侧动作是体育运动的基本动作，如果运动员只进行双侧训练，就会导致动作的协调性变差。

举重运动员容易在训练中偏重双侧训练，对于举重运动员来说，积极进行单侧训练也非常重要。

进行单侧训练时的注意事项

最近训练器材的研发开始朝着保持运动自由度、综合调动多部位肌肉发力的方向发展，以使训练动作更接近实际生活中的动作。例如，训练推举力量的运动器械，兼具单、双侧训练功能的器械越来越多。运动器械的发展呈现出越来越偏向于单侧训练的趋势。

把杠铃换成手柄就可以进行正常的单侧训练了。身体一侧推举手柄时，另一侧肌肉处于休息状态。不过这种器械的缺陷是两臂交替推举的间隔较长。为弥补这一缺陷，训练人员可能需要增加训练次数或提升运动速度。

单侧训练还有一个需要注意的地方，就是不要向肌肉施加过大的负荷。负荷变大训练者受伤的风险就会增加。想要锻炼基础力量，请大家选择双侧训练，在此基础上再充分运用单侧训练，就可以实现提升运动表现的目标了。

最近可以进行单侧训练的器械越来越多。如果能够充分运用这类器械，就可以实现提升运动表现的目标了

第九章

增强肌力的代表性
训练方法

机械应力的重要性

"贪图轻松就不能变强",这是过去教练员经常给运动员的忠告。从生理学角度看,这句话也完全适用。

无机械应力,无肌力训练

在本书第六章第03节中,我们讲解了肌肉变粗的五大因素——机械应力、代谢环境、氧环境、激素和生长因子、肌纤维的损伤及再生。在肌力训练方面,最值得关注的就是机械应力。

机械应力是指力学上的刺激,但当我们的目标是增强肌力及产生肌肥大时,这里所说的机械应力主要是指负荷强度。负荷强度问题在肌力训练真正成为一门科学之前就已存在。从经验角度来看,托举质量较轻的物体是训练不出肌肉力量的。而且时至今日,无数实验证明了机械应力可以使肌力增强并产生肌肥大。所以目前的主流观点认为,没有机械应力就无法进行肌力训练。

近期有研究指出，高强度机械应力并不一定是增强肌力的必要条件，即使没有高强度的机械应力，也有让肌肉变粗壮的方法。但如果想让肌肉发力较大，或提升肌肉运动时的力与速度，低负荷肌肉训练毫无意义。反复激发肌肉运动的力与速度才是提升发力能力最科学的方法，这一点确凿无疑。

轻松的训练不可能提升肌肉性能

普通人就不必说了，即使是有些运动员和教练员也会抱有这样的幻想——不想进行艰苦的训练，只想尽可能轻松地增强身体机能。由于高负荷训练更容易导致训练者出现伤病等情况，所以有人提出了避免高负荷训练的建议。

基于本人常年的锻炼经历，我非常理解上述想法。但遗憾的是，这一想法从根本上就是错的，仅通过轻轻松松的训练身体机能就会变强，这是不可能实现的幻想。

随着人体相关研究的推进，以及体育运动学的进步，很多人都容易出现错觉，认为可能真的有某种方法，可以使人不必拼命锻炼就能实现肌肥大，比如边看电视边运动，就能实现肌肉性能的提升。但就目前的情况来看，我们还没有找到这种"梦想"中的训练方法。

"贪图轻松就不能变强"，这是过去教练员经常给运动员的忠告。从生理学角度看，这句话也完全适用。人们的身体为什么会变强呢？这是因为身体正处于不得不变强的环境中，只有把身体逼入这样的环境，生理学上的适应现象才开始发挥作用。这也是生物体所蕴含的基本机制，忽略这一点去追求身体变强是不可能实现的。

"慢速训练"是一种兼顾老年人锻炼需求的低负荷训练法，可以减轻其对老年人身体产生的负担。因为我本人正在做"慢速训练"的相关研究，所以有人错误地认为，我一定知道轻松增强肌力的方法，但是真的没有这种方法。根据我的经验，我可以非常肯定地告诉大家，这是不可能有的。

肌肉要变强必须得到相应的刺激，只有经过艰苦的训练，才能享受身体变化带来的喜悦。请运动员和教练员一定要牢记。

不要向肌肉施加超负荷的压力

尽管肌肉变强需要刺激，但是施加超负荷的压力是万万不可的。向需要训练的肌肉施加强烈的刺激并感觉到"费力""极度疲劳"，这本身没错，但是如果给心脏、呼吸器官带来过重的负担，使身体陷入"痛苦不堪，难以忍受"的状态，这样的训练是不可取的。

为训练范围之外的身体部位带来负担，这对于整个身体来说并不能起到正向作用，目标肌肉的训练效果也会打折扣。此外，还会导致动作不规范、产生不必要的关节压力等问题，而且这样一来运动受伤的风险反而增加了。不仅如此，过度的压力还会增加训练者的精神负担，最终可能导致训练半途而废。

因此，大家在进行肌肉训练时，一定要考虑好向何处施加刺激，以及施加多大的刺激。特别是运动员为了产生竞技所需的力量，或承受比赛时所施加的负荷，就一定要更精准地选择机械应力。运动员不仅需要良好的肌肉发力能力，其关节和骨骼同样需要相应的机械应力，这样才能实现整体运动能力的提升。

下一节我们将以机械应力为重点，介绍几种具体的训练方法。

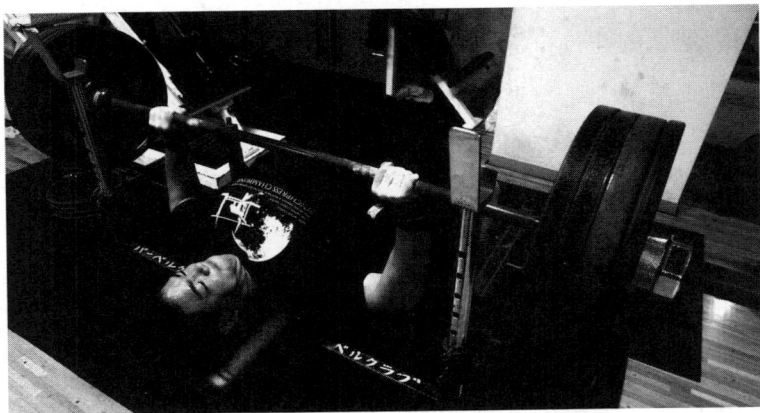

即使是在身体相关研究不断推进、体育运动学高度发展的现代，肌肉变强源于机械应力的原理也是适用的

提升机械应力的方法（一）

提升机械应力的因素有两个，发出"巨大的肌力"和"充分的拉长性肌力"，其代表性训练方法有四种。

提升机械应力的四种训练方法

前一节我们主要讲解了机械应力（力学刺激）的重要性。施加机械应力是肌肉变粗壮的必由之路。从本节开始，我将为大家介绍几种机械应力的施加方法。

在传统的肌力训练中，标准的负荷强度应为80%的1 RM肌力。以这一负荷下的充分活动次数、组数为前提，如"1秒完成托举动作，1秒或2秒完成还原动作"，按照这个标准节奏反复训练即可。不过两组动作的间隔不宜过长，以1分钟左右为宜。

80%的1 RM肌力负荷强度下进行的训练是刺激肌肉并产生肌肥大的最佳选择。但在进行以机械应力为中心的训练时，要先完成为增强刺激而进行的准备训练。

提升机械应力的因素为发出"巨大的肌力"和"充分的拉长性肌力"，其代表性训练方法有四种，高强度间歇训练、弹震式训练、离心收缩训练和强迫次数训练。

高负荷训练的目的是增强肌力

在高强度间歇训练中，负荷强度应定为90% ~ 95%的1 RM肌力。因为负荷量大，相应地训练者在一组内最多能做2 ~ 4次托举动作。

每组动作完成后，肌力恢复都需要一定的时间，与80%的1 RM肌力负荷强度相比，90% ~ 95%的1 RM肌力负荷强度的恢复时间要长3 ~ 5分钟。

由于高强度间歇训练的负荷物托举次数少，两组动作之间的间隔长，所以此时肌肉的做功总量较少。

假如每组动作完成后需要休息5分钟，那么即使进行1小时的训练，也只能完成10余组动作，负荷物的合计托举次数最多也就40次，总体训练量极小。

高强度间歇训练的训练量很小，所以肌肉变粗壮的效果不太明显（并非完全没有效果）。这一训练的目标与其说是肌肥大，不如说是增强高负荷时的肌肉力量。持续地发出强大肌力可以降低神经系统的抑制作用，对增强肌肉力量非常有效。

重量举和力量举的运动员主要采用这种高强度间歇训练法。

弹震式训练的重点在于动作初始阶段的加速度

弹震式训练是一种割裂负荷强度和机械应力的典型训练方法，它的特点是机械应力非常强，而负荷强度相对较低。

例如，当人们在无负荷条件下完成跳跃动作时，地面反作用力（双脚蹬地后产生的反作用力）取决于跳跃高度，但是人们在起跳瞬间的发力大小可以达到身体重力的 4 ~ 5 倍。一个体重 70 kg 的人在尽全力跳跃时向地面施加的力大约相当于 300 kg 物体的重力。

在负荷量为自重且没有额外负荷的情况下，发力瞬间的地面反作用力可达 300 kg 物体的重力。一般情况下，肌肉发力大小与负荷强度相当，所以此时如果弹震式训练产生的反作用力相当于 300 kg 物体的重力，其实与 70 kg 体重的人背负 230 kg 杠铃深蹲的发力相当。

弹震式训练的重点在于动作开始瞬间的加速度。力 = 质量 × 加速度，所以即使负荷很轻，只要初始动作的加速度足够大，最终发出的力就会很大。想要跳得高，身体在向上方向的加速度就必须要大。如果肌肉的瞬间发力变大，同时增加加速度，就会跳得更高。

弹震式训练在发力的瞬间可产生巨大力量，但是这股力量的持续时间非常短。跳跃瞬间双脚向地面施力的时间连一秒都不到，发力瞬间的肌力很大，随后直线降低。将这段时间的肌力大小用图形描述的话，形状类似于抛物线，所以这种训练方法叫作弹震式训练。

使用杠铃的弹震式训练也可以应用于举重训练，它主要面向挺举、抓举等快速托举项目。阿诺德·施瓦辛格为了让肌肉接受强烈刺激，曾经非常喜欢进行弹震式训练。

不过与普通的举重训练相比，弹震式训练更接近体育运动的动作，因此可更有效地将肌肉训练效果应用于实际。关于弹震式训练的详细内容，我将在下一节中继续介绍。

高强度间歇训练的目标在于增强托举高负荷时的肌肉力量。持续地发出强大肌力，可以降低神经系统的抑制作用，对增强肌肉力量非常有效

提升机械应力的方法（二）

弹震式训练的重点不是"负荷物的托举"，而是"肌肉的瞬间加速收缩和舒张"。

杠铃可以应用于弹震式训练中

弹震式训练的典型动作是跳跃，就算进行简单的青蛙跳也是一种很好的弹震式训练。

使用杠铃、哑铃进行训练时，只要能瞬间加快负荷物的运动速度，就可以称为弹震式训练（弹震式训练深蹲时地面反作用力的变化见图9.1）。挺举和抓举是弹震式训练最直接的表现，卧推抛起（通过投掷式动作加速杠铃的上升，再运用史密斯机减缓杠铃下落速度）、双人实心球训练等也属于弹震式训练。

以上所有训练的重点都不是"负荷物的托举"，而是"肌肉的瞬间加速收缩和舒张"。弹震式训练也可以叫作"爆发力训练"或"负荷加速训练"，虽然两者的表述方式不同，但本质是相同的。

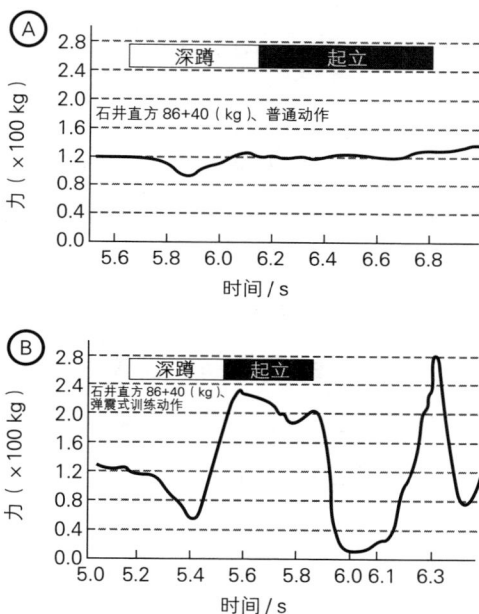

图9.1　深蹲可以看作弹震式训练
作者当时的体重为 86 kg，使用 40 kg 的杠铃，图像为金属受力板（地面反作用力的测力装置）在作者深蹲时所测的结果，A 为普通深蹲动作，B 为深蹲完成瞬间加速上举杠铃的动作

包含反向拉伸动作的运动可认定为超等长收缩训练

关于超等长收缩训练与弹震式训练的关系，大家可以把弹震式训练作为一个能融入超等长收缩训练的概念来把握。

比如卧推抛起动作，并不仅仅是让负荷物剧烈加速而使肌肉瞬间发力（如果仅仅是这样的话，那就属于弹震式训练了），而且当用手接住上方下落的负荷物时，相关肌肉被拉长并发挥"刹车"作用，此后接续再次抛出的动作。超等长收缩训练包含上述全部过程，被称为肌肉的"拉长—收缩循环"运动，其关键在于承受负荷而导致的肌肉拉长收缩动作（离心收缩），这个动作发生在抛出负荷物的肌肉缩短收缩（向心收缩）之前。

双人实心球训练和跳跃也是同理。在双人实心球训练中，球被投出之前都属于弹震式训练，而接球时肌肉产生拉长收缩，随后再次把球抛回去，这个过程就属于超等长收缩训练。在跳跃动作中，从蹲姿开始到跳起来，这部分属于弹震式训练；而从台子上飞跃而下，再利用反冲跳起来，这就属于超等长收缩训练了。

从表面来看，弹震式训练和超等长收缩训练的负荷强度算不上大，但两者的瞬时发力都很大，都是强机械应力的训练方式。这些训练方式虽然看起来并没有承载高负荷，但作为训练方式也具有一定的危险性。如果人们在发力瞬间力量过大，就容易导致肌肉疼痛、肌腱断裂等问题。

因此，在进行上述训练之前，一定要遵循一个前提，那就是充分进行基础力量训练。不过只有坚实的肌肉力量是不够的，针对关节构造进行动作训练也很重要。如果动作的方向与关节的伸展、屈曲方向不一致，也可能受伤。

机械应力的提升重"质"不重"量"

从弹震式训练和超等长收缩训练的动作可以看出，相较于单纯的肌力增强，它们更倾向于将肌力应用于实际动作。肌肉发力的方式是其中的核心问题，不痛不痒的训练是没有效果的。机械应力的提升重"质"不重"量"，动作的高质量胜过训练中的动作次数和负荷量。

弹震式训练和超等长收缩训练的难点在于发力大小难以目测。当我们使用杠铃进行训练时，负荷量就是杠铃的重量。但是自重下的弹震式训练，动作瞬间发力的大小凭借肉眼是无法确定的。

这时教练员的判断能力就很重要了。弹震式训练动作的发力是否充分、姿势是否正确？明白的人自然明白，不明白的人怎么也看不明白。我想即使是动作的发出者，也没有几个人能感知自身的发力究竟有多大。

尽管专业的地面反作用力测力仪可以测得发力瞬间的力，但是这种测量方法不容易实现。因此，能够准确推测动作完成者发力大小并给出判断的那个人非常重要。对于弹震式训练和超等长收缩训练的难点，运动员和教练员都要提前有一个明确的认识。

提升机械应力的方法（三）

强迫次数训练法可直接应用于肌肉训练，与单纯的80%的1 RM肌力负荷强度训练相比，它的机械应力要大得多。

在离心收缩情况下，肌纤维募集数量会减少

前两节我们已经讲解了提升机械应力的四种方法中的"高强度间歇训练"和"弹震式训练"，本节就来介绍一下"离心收缩训练"和"强迫次数训练"。

离心收缩是指肌肉在发挥"刹车"作用时的发力方式（拉长收缩）。在实际训练中，我们伸展肘部放下杠铃或哑铃时的动作就属于此类。杠铃或哑铃的重量不变，放下负荷物时离心收缩产生的机械应力要比负荷物上举时向心收缩（缩短收缩）产生的机械应力强得多。

负荷量明明相同，为什么机械应力却不同呢？这是因为肌肉在离心收缩状态下募集到的肌纤维数量减少了。如果负荷物在下降时募集的肌纤维数量和上升时相同，那么负荷物

就不能向下移动了。假如负荷物上举时募集到的肌纤维是100根，那么下降时可能就只有50根了。

在离心收缩状态下，这50根肌纤维需要承担的负荷量变为上举时的两倍，肌纤维即使勉强发出最大的力进入拉长状态也不足以承载负荷，所以负荷物就会慢慢下落。因此，当肌肉进行离心收缩时，对于"实际参与运动的肌纤维"来说，机械应力确实变强了。

当我们从斜坡顶端向下跑动或做类似动作时，每一次脚落地时的机械应力虽然很小，但是长时间的跑动会向肌肉整体施加较大的负荷，可能引发强烈的迟发性肌肉疼痛。

不费力的动作也可能导致训练过度

想要在肌肉的离心收缩中训练所有的肌纤维，需要进行多少次训练呢？关于这个问题，学界并没有明确的答案。

例如，在80%的1 RM肌力负荷强度下向下移动负荷物，大约可以募集到全部肌纤维的1/3，当这1/3肌纤维疲劳后，另外一部分肌纤维会接替它们开始运动。这样不断交替，最终所有肌纤维都会得到训练。但是肌纤维间的交替行为只是我们的推测，至于这种现象是否真的发生，还有待进一步研究。缺乏明确的训练程度指标是离心收缩训练的一个缺点。

可能有人认为，机械应力的强度从外部难以评估，与负荷物的上举相比，还原过程给人带来的成就感较小，大家可能感觉不到自己努力的成果，这是离心收缩训练的另一个缺点。

离心收缩训练带来的刺激的确是提升训练效果的机制之一。在相对负荷强度相同的情况下，离心收缩带来的肌肉刺激比向心收缩大。因此，只要有充足的恢复期，离心收缩训练的肌肥大效果就会相对明显。但是做完离心收缩训练后，即使肌肉没有劳累的感觉，也可能引发肌肉的轻微损伤，因此切勿过度训练。

强迫次数训练在普通肌肉训练中的应用

想要把肌肉的离心收缩引入普通训练，最简单的方法就是进行强迫次数训练，即在80%的1 RM肌力负荷强度下，当负荷物上举次数达到极限时，通过辅助力量追加大约3次上举动作。在负荷物上举阶段需借助辅助力量，还原阶段则需要发挥肌肉本身的"刹车"作用。

离心收缩状态下肌肉的发力可达最大等长肌力的1.5倍左右（1 RM肌力的1.6 ~ 1.7倍）。这就是为什么我们举不起某一负荷物，却可以慢慢地将其放下。强迫次数训练可直接应用于肌肉训练，与单纯的80%的1 RM肌力负荷强度训练相比，这种训练产生的机械应力要大得多，肌肥大的效果也更明显。

　　专门性离心收缩训练是一种更加重视离心收缩的训练。这一训练方式直接舍弃了最开始的上举动作，训练者只需在辅助上举动作的基础上直接练习负荷物的还原动作。

　　专门性离心收缩训练的负荷强度为120% ～ 130%的1 RM肌力，这是一个训练者在通常情况下举不起来的重量。但训练者努力放下负荷物，并连续进行1 ～ 2次（最多3次），这时肌肉受到的刺激可谓非常强，这种方式时常被用于力量举等追求上举重量的竞技运动训练中。但专门性离心收缩训练是一种十分特殊的训练方式，普通人进行这种训练可能会受伤，或者出现肌肉的过度损伤和极度疲劳，所以我一般不推荐专门性离心收缩训练。如果没有特殊目的，建议大家还是进行强迫次数训练。进行离心收缩训练和向心收缩训练时肌力的增强效果见图9.2。

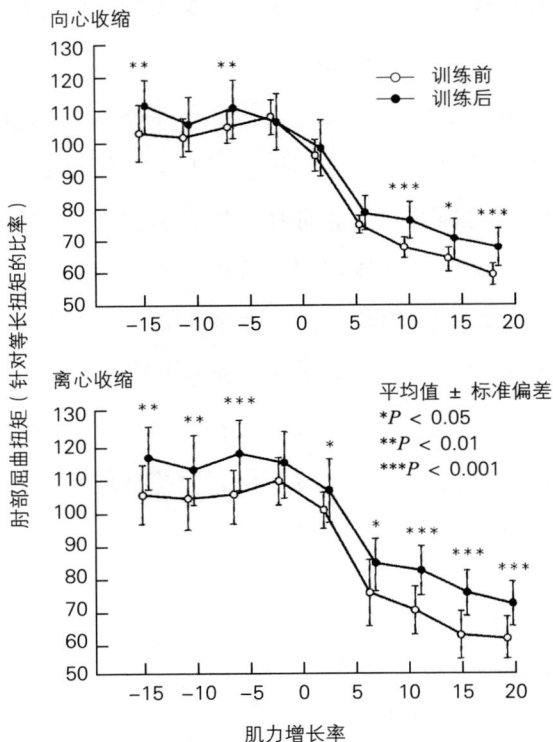

图9.2 **进行离心收缩训练和向心收缩训练时肌力的增强效果**
两者相对负荷强度大致相同,向心收缩时负荷强度设为 80% 的 1 RM 肌力,离心收缩的负荷强度设为 115% 的 1 RM 肌力(按照离心收缩最大肌力约为向心收缩最大肌力的 1.5 倍计算)。两者的运动量相同,均为 8 次 3 组,每周训练 2 次,连续训练10 周。图为等速测力计的测量结果。从整个速度走向来看,离心收缩状态下的肌力增长率更大

肌肉的内部环境

肌肉极度疲劳可引发内部氧环境的恶化。

快肌纤维可在供氧不足的情况下运动，所以当氧环境恶化时，更容易募集较多的快肌纤维。

加压训练、慢速训练可即时引发肌肉内部氧环境恶化

2000—2005年，关于肌肉训练一直盛行一种近乎"盲从"的理念——机械应力信仰。该理念认为，一定的负荷强度是肌肥大的必要条件，如果不能遵循80%的1 RM肌力左右的强度标准向肌肉施加负荷，肌肉就不会变粗。

诚然负荷强度很重要，但根据我们前面的阐述，最近学界的观点也发生了很大变化，大家没必要拘泥于负荷强度。任何负荷强度，哪怕是自重训练，只要找对方法，也是可以产生肌肉变粗效果的。

为什么在低负荷下肌肉也能变粗呢？在研究这一问题的过程中，我们发现了一个颠覆当时认知的机制。

加压训练和慢速训练都可以引发肌肉内部环境的"急速

恶化"。环境恶化的一个方面体现为肌肉中氧环境的恶化。肌肉运动时与血红蛋白结合的氧被消耗，为了补充被消耗的氧，新形成的含氧血红蛋白会被输送到肌肉中。但加压训练阻碍了血液流动，使肌肉中新形成的含氧血红蛋白减少，这样一来可用氧的含量就会急速降低。

肌肉含氧量的下降降低了快肌纤维的募集难度

如果肌肉中可用的氧减少了，而慢肌纤维的运动又需要氧的参与，身体就会减少慢肌纤维的募集，转而调用更多在氧供给不充分时也能运动的快肌纤维。

快肌纤维的频繁活动会促使乳酸的产生，而血流受阻会导致乳酸等物质在肌肉内堆积。乳酸堆积后，肌肉中的代谢型受体（肌肉中能感知物质生成的感受器）处于兴奋状态，身体就会感觉肌肉变重。随后这个信号被传递到中枢神经系统，中枢神经系统就会发出众多分泌激素的指令。

募集快肌纤维能促进肌肥大的产生。虽然肌肥大和激素没有直接关系，但促使肌肥大产生的因素与刺激激素分泌的因素却有着共通之处，这一点我将在后文讲解。

即使没有进行过加压训练或慢速训练，肌肉如果陷入极度疲劳状态，其内部氧环境也会恶化。无论是高负荷还是低负荷训练，只要通过训练将肌肉"逼入"极度疲劳状态，快肌纤维的锻炼效果就会显现，肌肥大就容易产生了。

肌肉内部氧环境出现恶化，即使是低负荷多次数训练也能产生肌肥大

在80%的1 RM肌力左右的负荷强度下，人们将训练动作分为8次1组，大概做完3组后，肌肉就会陷入极度疲劳状态。因此，高负荷训练在募集快肌纤维方面效率更高，具有短时间内产生肌肥大的效果。换句话说，想要同时满足肌肥大、训练次数少、方式简单这三个条件，负荷量就必须足够大。在此基础上辅以强迫次数训练或降序训练增加运动量，肌肥大的效果会更加明显。

如果想通过低负荷训练或自重训练实现肌肥大效果，训练次数就必须增加，不然就要想办法在较少次数训练的基础上将肌肉"逼入"极度疲劳状态，这无疑会给训练者的身心带来巨大压力。

对于处于发育期的青少年来说，肌力训练原则上不应使用杠铃等高负荷器械，而应使用质量较轻的哑铃或以自重为负荷进行低负荷训练。未成年训练者实现肌肥大，无论如何都离不开多次数的训练，这一点希望教练员都能牢记。我们一直都在进行的"意志力型"训练是非常必要的（当然"苛刻型"训练绝不可取）。

加压训练和慢速训练所采用的低负荷低次数训练也是能产生肌肥大的特殊训练方式。对于那些想要避免身心压力、训练痛苦的人，或者高龄人群来说，这种训练方式较为适用。

机械应力信仰已逐渐成为过去。虽然在一段时间内，人们认为激素水平是促使肌肥大产生的决定性因素，但现在大家对激素主要持负面态度。目前的观点是，肌肉内部环境这一局部因素在促使肌肥大产生方面具有重要意义。

从某种意义上说，对"只要进行高负荷训练，肌肉就会变粗"这一观点的颠覆可谓一个划时代转变，它为包括发育期青少年、高龄人群在内的普通人群进行肌肉训练提供了更广阔的空间。

只要能把肌肉"逼入"极度疲劳状态，即使是低负荷训练也能产生肌肥大

PRACTICE

第十章

肌肉训练效果的体现

肌肥大与肌肉快速力量的训练效果

在测量臂围时，健美运动员一般会屈肘以最大限度地隆起肱二头肌，并在隆起的最高点进行测量。

肌肉的横截面积是决定肌力大小的主要因素

关于肌力的测量方法，我已在第七章进行了讲解。那么决定肌力大小的最主要因素是什么呢？答案是肌肉的横截面积。也就是说，想要增强肌肉力量，关键在于产生肌肥大。

在训练刚刚结束时，人们的肌肉会稍微变粗，这种肌肉"膨胀"是一种短期的肌肥大，但这里我们要讲的是长期肌肥大（也就是真正的肌肥大）。肌肥大与短期的肌肉膨胀不同，它是指在一定时期内肌肉经训练后本身发生的变粗现象。

想要知道训练效果如何，我们只需测量训练肌肉固定位置的横截面积，比较其训练前后的变化就可以了。其中最容易做到的是测量手臂和腿部肌肉的直径或周长。可将肌肉周长作为衡量肌肥大的标准，它也是学术研究中的一项重要指标，但是肌肉周长的测量难度较大。我们应该测量哪个部位的肌肉？测量时受试者应该保持怎样的体位？以大臂为例，为了保证测量位置不变，有人会寻找"肩部与肘部的中点""从肩部向下五分之三处"等位置作为测量点；或者用水彩笔等工具在距离肩部多少厘米处做标记进行测量。但是大家要注意的是，以上任何一种测量方式都可能因肘关节屈曲角度的差异而产生误差。

在测量臂围时，健美运动员一般会屈肘以最大限度地隆起肱二头肌，并在隆起的最高点进行测量。这种方式虽然不能用于学术研究，但对于他们来说，即使臂围增加1 cm也是可喜的成果。如果将测量点固定为隆起的最高点，所得数据对于他们来说具有一定的可信度，可通过这些数据了解日常训练的效果。

肌肥大通常出现在训练开始后一周左右

如果肌肉直径增加10%，肌肉力量和横截面积约增加20%。不过这里的10%和20%都是大概数值，仅凭对肌肉直径的测量，我们还是不能准确了解肌肉的内部状态。想要获得更为准确的数据，利用MRI技术进行肌肉横截面积测量是一种可信度较高的方法。一般情况下，研究人员会利用MRI

技术对连续的肌肉横截面进行拍摄，并从约10张影像中获取数值，再取其平均值。与健美运动员的测量方式不同，利用MRI技术进行测量时，肌肉处于舒张而非发力状态。

近年来，随着MRI技术精度的提高，我们逐渐捕捉到很多过去没有发现的细小变化。过去MRI技术只能发现肌肉横截面积5%以上的变化，所以当时我们认为，真正肌肥大的产生必须经过1～2个月的训练。但最新MRI装置的检测结果显示，大约1周后肌肉横截面积就已经发生变化了。因此，现在我们认为，在训练开始后的很短时间内，肌肉就开始变粗了（详情见本章第06节）。

最大快速力量并非评价训练效果的唯一标准

肌肉的快速力量可以通过肌肉的力与速度关系求得。肌肉的功率（快速力量）＝力×速度，所以我们只要以力为纵轴，以速度为横轴，就可以轻松得出肌肉发力与快速力量之间的关系了。通过此图，我们还可以分析最大快速力量的变化、功效曲线的走向等问题。

虽说现在市面上有可以轻松测量肌肉快速力量的仪器，但这些仪器大多只能测量一定负荷下肌肉的快速力量，不能判定该负荷强度下的快速力量在肌肉整体功效曲线中处于什么水平。那么当肌肉的力与速度都在变化时，功效曲线又会发生何种变化？如果不考虑功效曲线的变化，就不能正确评价肌肉的训练效果。

例如，我们将负荷强度设为最大肌力的30%进行快速运动训练，虽然最大肌力没有增强，但当肌肉负荷强度为最大快速力量的30%时，快速力量的峰值却提高了，这主要得益于神经系统机能的增强（参见第三章第03节）。我们的确可以把上述情况看作训练的效果，但这只是训练效果的一个方面。

如果我们进行高负荷肌肥大训练，快速力量的峰值也会相应提升，并且整个功效曲线覆盖的范围会比之前更大。

如果你的目标比较特殊，需要在不改变肌肉形态的前提

如果肌肉直径增加10%，肌肉力量和横截面积约有20%的增加

下提升最大快速力量，那么低负荷强度下的速度训练完全没有问题。但如果你希望在各种情况下肌肉都能发出巨大快速力量，那么仅在30%那一点上进行最大快速力量的提升是没有意义的。所以，通常情况下，肌肉训练的第一个要点是在提升肌力和最大快速力量的同时，扩大快速力量的发挥范围。

肌肉耐力的训练效果

想要提升肌肉动态耐力的训练效果，建议训练时降低肌肉负荷、增加动作次数。

静态肌肉耐力和动态肌肉耐力

前一节我们讲解了肌肉力量和肌肉快速力量的训练效果，这一节我们来讲肌肉耐力的训练效果。

肌肉耐力分为静态和动态两种。

静态肌肉耐力是指肌肉长时间维持固定姿势的能力。例如，你在仰卧时直腿抬高可以保持多长时间？或者在下蹲（也就是空气椅子动作）时身体可以支撑多久？

动态肌肉耐力是指肌肉可以在一定时间内按照一定频率重复完成动作的能力；或者说，在一定负荷强度下按照一定频率完成负荷物上举的能力。例如，俯卧撑就是一种检验肌肉动态耐力的形式。在体育运动中，除了低负荷下较小力量的发挥，持续发挥强大力量的能力、重复完成动作的能力也非常重要。动态肌肉耐力和静态肌肉耐力之间具有一定的关联：一般来说，动态肌肉耐力强的人静态肌肉耐力也较强（这并不绝对）。

任何人在反复发出最大肌力时，肌力都会逐渐降低。肌力降低的快慢是肌肉耐力的评价指标之一。当人们以固定速度运动并发出最大肌力时，肌肉力量及快速力量的下降速度究竟有多快？根据不同的目标，肌肉耐力的评测方法也多种多样，但总的来说，下降速度快代表肌肉耐力弱，下降速度慢代表肌肉耐力强。

项目的竞技特性不同，肌肉耐力的评测方式也不同

橄榄球运动员肌肉动态耐力的测试结果见图10.1。让橄榄球运动员发出最大肌力，完成膝关节伸展动作50次，并用等速测力计测量每次伸展动作结束时的肌力大小，再分析肌肉力量和功率的下降率所呈现的特点。通过对比训练前后肌肉耐力的差异发现，训练后的肌肉力量、功率的下降率都有所减弱。也就是说，训练后肌肉耐力得到了提升。

这个测试是在相对低速且发力较大的前提下进行的，这一点与橄榄球运动高负荷多次数的竞技特性相符。当我们面对与橄榄球运动竞技特性相似的运动时，同样可以采用这种训练效果测评方法。相反，如果某个竞技项目在耐力方面具

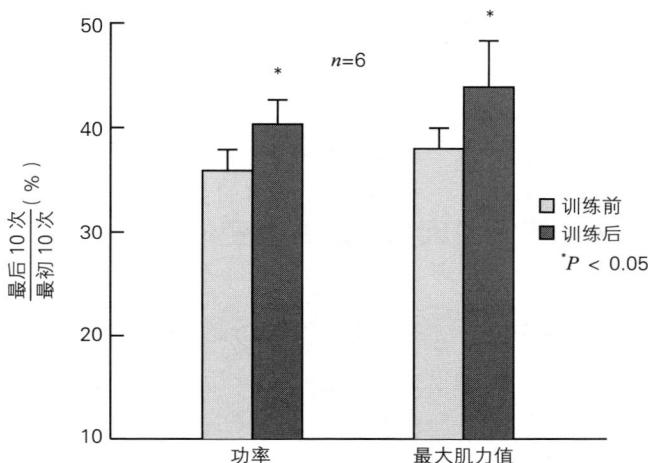

图 10.1　50 次连续膝关节伸展动作的肌肉耐力测评
使运动员发出最大肌力，完成 50 次膝关节伸展动作，使用等速测力计分别测量最初
10 次和最后 10 次膝关节伸展动作的功率并求和，分析动作重复过程中肌力的下降程度。
图右侧是肌力的最大值（同样是最初 10 次和最后 10 次）。我们同样分析了训练前后
最大肌力在动作重复过程中的下降程度。

有低负荷多次数要求，则需要将肌肉耐力测量次数调整到
100 次、200 次，才能获得更客观的数据。

　　值得注意的一点是，想要测得准确的动态肌肉耐力数
据，必须保证测试时相对负荷的恒定。例如，人们做俯卧撑
动作时的负荷量为自重，一般情况下自重保持不变，但是随
着肌力的增强自重对肌肉产生的相对负荷变轻，俯卧撑次数
自然就增加了。俯卧撑次数的增加就是肌力增强的缘故。至
于耐力是否提升尚无法得出结论，也不能将这个测试用于对

肌肉耐力训练的效果测评。在肌肉耐力训练效果的测评中，要确保两个前提条件：一是相对负荷的恒定，二是确保最大肌力下动作的重复。

肌肉耐力提升后肌肉内部发生的变化

虽然我们还没有完全掌握肌肉耐力的提升机制，但在动态肌肉耐力训练的效果测评方面，我们通常采用30%最大肌力负荷强度下测试负荷物上举次数的方法。

关于这个方法我们发现了一个有意思的地方：想要提升肌肉的动态耐力，训练时应选择比30%最大肌力稍轻的负荷，可将训练负荷强度设为20% ~ 25%最大肌力，并重复上举动作直至极限。坚持这种训练方式，肌肉动态耐力训练的测评效果要比30%最大肌力负荷强度下更好，受试者负荷物上举的次数更多。

因此，为提升肌肉的动态耐力训练效果，我们最好在训练中选择较轻的负荷，并增加训练动作的重复次数。

但是这个所谓"较轻的负荷"也是有限度的，不能无限减轻。当负荷强度降至最大肌力的20%以下时，该负荷强度与日常生活中的负荷强度相近，即使重复很多次，肌肉可能也不会疲劳。假如某个训练动作重复500次，肌肉也没有疲劳感，那就不具备训练效果了。训练动作的次数需要设定为多少呢？假如某个训练动作完成300次时感觉有效果，继续增加训练次数，训练效果也不再提升，那么300次就是临界值。如果不知道临界值，就只能依靠直觉来判断了。但从数值上看，把负荷强度设为最大肌力的25%～30%一般不会有问题。

　　肌肉耐力提升后，肌肉内部会发生怎样的变化呢？其中最显著的变化就是血流量的变化。也就是说，肌肉中毛细血管的数量及血流量的增加是肌肉耐力提升的基础。

训练动作的学习效果

肌力增强包含三个特征：肌肉变得粗壮、动作更加协调，以及神经系统抑制作用减弱。

训练初期的成效是学习效果的体现

有肌肉训练习惯的朋友，请试着回忆一下自己刚进行肌肉训练时的场景。我想几乎所有人都经历过如下过程：当完成了第一次训练后，无一例外都感觉到肌肉疼痛。大约休息3天后，忍痛再次进行训练，这时大家所选择的负荷想必都比第一次轻。第一次训练是肌肉第一次真正承受负荷，所以一定会出现过度训练的情况。大约再过3天，肌肉疼痛便会消失，与第一次训练相比会莫名产生一种负荷变轻、肌力增强的感觉。当第3次、第4次训练完成后，这种感觉越来越强烈。持续训练3周后，训练效果就充分显现出来了。

近期研究表明，肌肉训练开始约1周后，肌肉就会轻微变粗。但说到底这只是轻微的运动效果，肌肉不会明显变粗，也不会产生肌力的明显提升。

那为什么一周之后，无论是卧推还是深蹲都会产生训练效果提升的感觉呢？这是因为经过卧推或深蹲训练后，大家的动作协调性更好了。最初那段时间，我们感觉到的训练效果很大程度上都是"学习效果"，也就是"动作特异性"。虽说卧推和深蹲都是一些简单动作，但都属于运用身体肌肉的训练动作，只要能快速上手，就能很快提升自身的托举上限。

例如，我们在实验室中测量受试者腿部伸展时的最大肌力，如果有意跳过腿部伸展训练，只让他做深蹲训练。大约3周后，他的深蹲1 RM肌力增加值相当于10 kg物体的重力。但是再次测量腿部伸展时的最大肌力却发现，该项指标并没有像深蹲1 RM肌力那样得到大幅提升。腿部伸展动作会用到股四头肌，而深蹲动作也能锻炼股四头肌。深蹲能力的增强并不能带来股四头肌本身力量的增强。这说明，此时肌力的增强并不是因为肌肉本身变粗，而是由于不断练习深蹲动作增强了全身的协调能力，也就是学习效果带来的肌力训练成绩的突破。

肌力增强的三个特征

想要提升腿部伸展运动的能力，最好的方法是进行专门的腿部伸展训练。深蹲能力的增强并不意味着腿部伸展运动能力的增强。总的来说就是，训练带来的运动表现的提升仅限于进行特定训练动作，这一点很重要。

实际上，只要扎扎实实地进行3个月的训练，是有可能产生10%左右肌肥大的，不过这早就与动作特异性无关了，而是肌肉本身力量增强的结果。例如，我们进行腿部伸展训练时，如果股四头肌比原来粗了10%，通常情况下，腿部伸展运动能力就会提升20%左右。

多出来的10%是因为什么呢？其中包含两个方面：一是动作的特异性，二是神经系统抑制作用的减弱（大脑"刹车"作用的减弱，使肌肉能得到更充分的运动）。比较训练前后相同动作的肌力大小，我们发现肌力增强包含三个特征：肌肉变得粗壮、动作更加协调，以及神经系统抑制作用减弱。

重量举运动员更擅长深蹲吗

深蹲训练8周后肌力的增强情况见图10.2。令人震惊的是，1 RM深蹲肌力增加了70%，腿部伸展肌力增加了30%，膝关节伸展肌力只增加了5%。

大约20年前，我的研究团队分别测量了一流重量举和健美运动员的腿部及膝关节伸展肌力。结果显示，健美运动员的测量结果具有压倒性优势。哈克深蹲（一种接近深蹲的动作）的完成需要膝关节、髋关节等的持续发力，虽然健美运

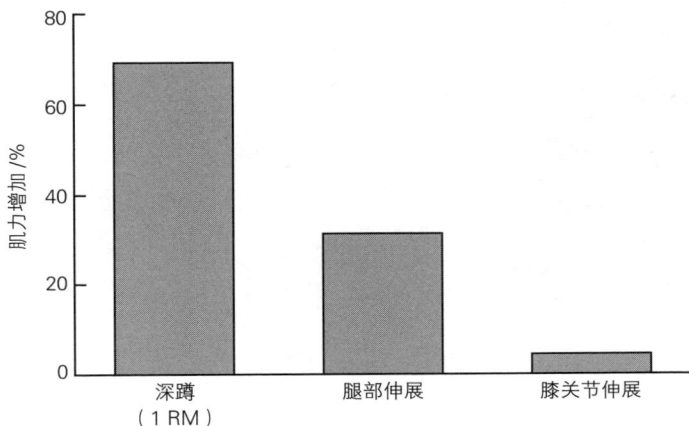

图10.2　杠铃深蹲训练8周后肌力的增强情况（平均值）
深蹲时1 RM肌力发生了显著的提升，且增加幅度远超腿部伸展和膝关节伸展
的肌力（最大等长肌力）

动员的肌肉较多，但在深蹲方面重量举运动员的成绩更优异。

　　重量举运动员的日常训练以深蹲和硬举为主，他们很少
进行腿部伸展训练。腿部伸展训练可以直接锻炼股四头肌的
能力，而健美运动员虽然也进行深蹲训练，但训练量顶多与
腿部伸展训练量持平，甚至不如腿部伸展训练量大。重量举
运动员和健美运动员在各个项目中分配的训练时间不同，所
以在肌力测量时，他们的运动表现会有差异，这也是一种长
期性学习的效果。简单来说，重量举运动员更擅长深蹲。

关于学习效果的注意事项

如果只进行腿部伸展训练，即使如愿增强了膝关节伸展力量，也有可能减弱冲刺能力。

长跑运动员比短跑运动员更擅长腿部伸展运动

前一节我们讲解了训练动作的学习效果。实验数据显示，重量举运动员的深蹲肌力测量值比健美运动员高。我们认为，这是重量举运动员更擅长深蹲的缘故。

另外，在加拿大科研人员赛尔的报告中，某一实验室分别测量了长跑运动员和短跑运动员进行腿部伸展运动（膝关节伸展）时的肌力大小。与长跑运动员相比，短跑运动员的肌肉量和肌肉横截面积更大，而且短跑运动员平时的训练多为肌肉发力训练（或肌肉的快速发力），所以通常情况下，我们推测短跑运动员在腿部伸展运动的发力方面应该具有压倒性优势，但实验结果并非如此，两者之间肌力的差异并没有预想的那么大。

究其原因，短跑运动员在进行腿部伸展运动时，腘绳肌会产生较强的协同收缩（见图10.3）。也就是说，当股四头肌带动膝部伸展时，腘绳肌的协同收缩会产生一种与膝关节伸展方向相反的屈曲力。两种方向相反的力互相抵消，所以短跑运动员的腿部伸展力从数值上看要低一些。

而长跑运动员进行腿部伸展运动时，腘绳肌几乎不会随股四头肌的运动而协同收缩。这与前一节中提到的重量举运动员和健美运动员的例子是同一道理。简单来说，长跑运动员比短跑运动员更擅长腿部伸展运动。

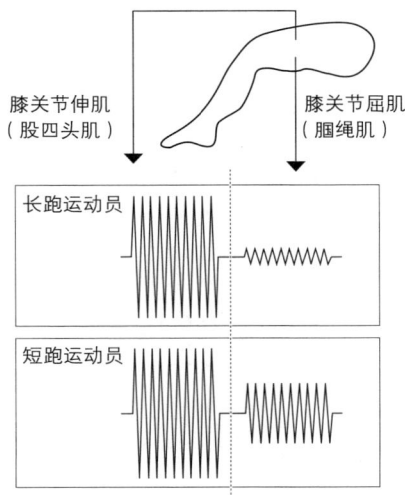

图 10.3　长短跑运动员膝关节伸展时的肌肉活动模式差异
我们通过肌电图分别推断膝关节伸肌和屈肌的活动程度，与长跑运动员相比，短跑运动员的膝关节屈肌活动强度大得多

股四头肌和腘绳肌协同收缩的原因

为什么短跑运动员跑步时股四头肌和腘绳肌会协同收缩呢？这大概是因为不这样做就不能维持身体剧烈运动时的稳定性。冲刺动作强度越大，膝关节向前的旋转力就越大。为避免膝关节错位，只要运动员做膝关节伸展动作，腘绳肌就会"按"住膝关节，以保障伸展动作的稳步进行。

髋关节能够得到周围细小肌肉群（局部性稳定肌群）——梨状肌、闭孔肌、上孖肌、下孖肌的复杂配合与支撑，即使进行大幅度动作，身体也能维持稳定姿态。但膝关节周围没有局部性稳定肌群，所以腘绳肌代替了局部性稳定肌群，维持着膝关节伸展运动时的稳定性。而且腘绳肌的附着位置比股四头肌更接近膝关节的中心。

腘绳肌是参与膝关节运动的重要肌肉，它不仅影响腿部跑动时的伸展幅度，还起着维持膝关节稳定的作用。因此，为了保持身体运动的流畅与协调，腘绳肌和股四头肌必须做到无缝对接、协同收缩，这也是短跑运动员下意识的肌肉使用方式。

短跑运动员要进行长期反复的股四头肌与腘绳肌的协同收缩训练，在股四头肌牵动膝关节伸展的同时，腘绳肌便立刻开始运动。而对于中长跑运动员来说，他们一般不需要持续、充分地调动肌肉的快速力量，所以进行腿部伸展运动时会出现股四头肌充分运动而腘绳肌不运动的情况。

对于短跑运动员来说，膝关节伸展力量较弱也不是坏事，这是腘绳肌充分活动的证明，在剧烈跑动时可以发挥有利的作用。

不当的训练方式有可能影响运动表现

在此基础上继续深入思考。有人认为，短跑运动员应避免进行腿部伸展训练。这虽然是一个极端想法，可是如果短跑运动员真的拼命进行腿部伸展训练，那么在学习效果的作用下，跑步动作确实可以变得更加协调、流畅，但与此同时，股四头肌与腘绳肌的协同收缩能力反而会降低，从而影响运动表现。

当某位短跑运动员明显存在膝关节伸展力量不足问题时，确实可以通过腿部伸展的集中训练来弥补。但如果该运动员并不存在上述问题，深蹲则会增加腰部负担。如果短跑运动员只进行腿部伸展训练的话，即使成功增强了膝关节伸展力量，也有可能减弱冲刺能力。

这一观点不仅适用于短跑运动员，也适用于所有运动员。以前曾有肌肉训练"使身体变重""使关节运动能力变差"的说法，这完全是误解。体育训练的一个重要目的就是学习该项运动的肌肉使用方法。如果不考虑训练的意义而单纯地模仿，确实有可能产生负面影响。

　　只要了解了肌肉的使用方式，并采用正确的肌肉训练方式，就会在肌力增强的同时，自然而然地提升运动表现。如果训练者在训练后的运动表现变差了，那可能是采用了不当的肌肉训练方式。

训练效果的表现方式（一）

初学者的训练成绩往往提升迅速，但这并不代表肌肉横截面积的大幅增加。

肌力增强的两个决定因素

只要进行肌力训练，肌肉力量必然会增强。但肌肉力量为什么能增强呢？到目前为止，学界针对这一问题进行了多项研究。我们认为，这主要受神经系统和肌纤维尺寸两个因素影响。

我已在前文对神经系统进行了讲解。人体神经系统的抑制作用是与生俱来的，肌肉在抑制作用下不能完全发挥出自身潜力。准确地说，肌肉中的运动单位不能完全被募集。但训练过后神经系统的抑制作用会减弱。也就是说，经过训练神经系统可以募集到更多的运动单位。因此，肌肉之所以能发出更大力量就在于神经系统抑制作用的减弱。

决定肌力增强的另一个因素是肌纤维尺寸的增加。这很好理解，肌纤维变粗后发出的力量自然就变大了。

肌肉发力越大，神经系统的抑制作用越强

神经系统的抑制作用到底有多强？目前我们还没有明确答案。过去学界曾认为，在神经系统的抑制作用下，肌肉只能发出70%的力。但近年来电刺激实验的结果发现，神经系统的抑制作用并不如我们预想的强。肌肉发力时大约可以募集90%的运动单位。我的研究团队也经常做电刺激实验，几乎没有出现"低于90%"的情况。

但问题在于，作为实验对象的肌肉都是容易获取且运动相对简单的肌肉。电刺激实验中常用的肌肉主要是肱二头肌、小腿后侧的肌肉，这些都是参与单关节活动的肌肉。"90%"这一数值严格来说不过是身体中部分肌肉在神经系统抑制作用下的发力情况。

而卧推和深蹲这类训练是多肌肉协同发力的复合关节动作，而且动作的最终发力非常大。这种情况下的实验难度较大，因此在神经系统作用下肌肉的发力究竟产生了怎样的变化？就目前来讲，我们还不具备研究这一课题的条件。

我们猜测，当某些类型的训练和动作需要多肌肉协同发出巨大的力时，神经系统的"刹车"作用会变强。因为肌肉发力越大，身体面临的危险越大。当身体需要发巨大的力时，参与运动的肌肉和关节数量会变多，其中相对薄弱的部位就会感到极大的压力。为避免这种情况的发生，神经系统

此时就会发挥较强的抑制作用。

学习效果对训练初期的影响巨大

与单纯的手臂屈曲动作相比，卧推和深蹲这类复合关节动作的难度较大。

越是复杂、难度大的动作，学习效果对肌力变化的影响就越大。也就是说，随着经验的积累，人们利用肌肉的效率越来越高，所以哑铃上举的效率也越高，最终 1 RM 肌力数值也得到了提升。

相同项目的 1 RM 肌力测量可以同时体现出神经系统抑制作用的减弱，以及学习效果带来的运动表现的提升。因此，初学者在肌肉变粗前的成绩提升非常明显。以卧推和深蹲为例，训练 2 ～ 3 周后增加的肌力甚至相当于 10 kg 物体的重力，但是肌肉横截面积的增加绝对不会超过 10%。

当训练开始 1 ～ 1.5 个月后，学习效果的影响力渐渐达到极限，神经系统的抑制作用也告一段落。想要进一步增强肌力，唯一的方式就是增加肌肉尺寸，肌肉也正是从这时开始逐渐变粗的。

肌电图可以在测量最大肌力的同时侧面反映肌肉中运动单位的活动程度。当肌电图呈现出某一特点时（肌肉活动量达到一定范围），肌力就会增强并产生肌肥大。但肌力的增强会加剧电位的变化，这种情况下肌肉的活动会更加充分。此时肌肉的尺寸没有发生变化，但募集到的运动单位却增多了。

这一实验表明，在训练初期，运动单位被募集数量的增加会使肌力增强。在神经系统的适应期过后会出现一个短暂的间隔期，此后肌肉才会一点点变粗。以上曾是关于肌肥大的"官方解释"。

但最新研究结果显示，上述观点也存在例外。这一点我将在下一节做出解释。

我们推测肌肉发力越大，身体面临的危险越大，神经系统此时更容易发挥较强的抑制作用

训练效果的表现方式（二）

当第一次肌肉训练完成后，肌肉变粗的预备反应就已经发生了。

训练一旦完成，肌肉变粗的预备反应就已经发生了

在我们目前的认知中，肌肉训练带来的肌力增强效果首先体现在神经系统的适应性方面，随后肌肉的尺寸才开始增加，这也是前一节的内容。不过近期的研究提出了不同的见解，关于这一点虽然在前文有所涉及，但这里我还想进行更详细的说明。

我的研究团队针对训练效果的课题做了详细研究并得出结论，并非所有肌肉训练的效果都遵循"先神经系统，后肌肉尺寸"的模式。当第一次肌肉训练完成后，肌肉变粗的预备反应就已经发生了（蛋白质的合成能力上升、分解能力下降）。

当训练者重复第2次、第3次训练时，肌肉变粗的预备

反应便得到了积累。因此，肌肉训练的最初效果并不只是产生神经系统的适应现象，还会产生肌肥大。

再利用MRI技术进行研究，训练开始3天后肌肉确实没有变粗。但1～2周后我们发现肌肉已经轻微变粗。此后肌肉的变粗程度慢慢增加。

向肌肉施加刺激，肌肉中蛋白质的合成能力会增强。但如果肌肉过度疲劳，蛋白质的分解能力也会增强。虽然向肌肉施加刺激会产生负面作用，但无论如何训练开始时肌肉都会受到比以往更强的刺激。所以训练开始后，肌肉中蛋白质的合成能力增强，分解能力也在增强，这或许就是训练初期肌肉很难变粗的原因吧。

检测技术进步带来的新认知

肌肉训练效果的"先神经系统，后肌肉尺寸"模式存在一个很大的问题。过去的超声波和MRI技术没有现在发达，所以肌肉发生的微小变化是检测不出来的。例如，如果肌肉的横截面积只增加了1%，这1%很可能被错判为测量的误差。

最新的MRI技术性能优越，测量精度也大幅提高，可以显示出更细微的图像变化。以前只有肌肉横截面积增加超过3%时，才认定为肌肉变粗。现在就算只有1%的增加也能被捕捉到。MRI技术的进步有助于我们了解训练初期肌肉的变化，并渐渐颠覆原有认知。

肌肉变粗不受年龄限制

最后我们来讲解不同年龄段肌肉训练效果表现形式的差异。

有研究显示，进行肌肉训练的老年人即使肌力得到大幅增强，肌肉也不会变粗，这是因为老年人的肌肉训练主要提升运动单位的募集能力。20世纪80年代以前，人们认为肌肉变粗是有年龄上限的。达到一定年龄后增强肌力只能靠学习效果等其他因素。这是在检测精度受限的年代得出的研究结论，而且当时的训练技术本身也有不成熟的地方。

20世纪90年代相继有报告称，老年人进行肌肉训练后肌肉也会变粗，肌肉变粗无年龄上限的观点随之成为定论。对于老年人来说，肌力的增强不只是神经系统的原因，但训练后神经系统的抑制作用确实会减弱。也就是说，训练后神经系统可以募集到更多的运动单位。因此，肌肉能发出更大的力与神经系统的抑制作用减弱有关。与年轻人一样，老年人肌力的增强也是由神经系统抑制作用减弱和肌肉尺寸增加两方面共同决定的。我们的研究团队也针对老年人进行了低负荷慢速训练，大约3个月后他们的股四头肌便出现了

5% ～ 10%的增粗。

但训练刚刚结束，老年人和年轻人的肌肉状态便出现差异。例如，一次慢速训练过后，年轻人的肌肉内部循环能力下降，氧浓度降低，这是肌肉变粗的一个必要条件。而老年人肌肉内部的氧浓度虽有下降，下降幅度却没有年轻人那么大。

至于为什么会产生这样的差异，需要深入研究。不过这个实验表明，只要进行适合自身的肌肉训练，老年人的肌肉也可以变粗。我想这个消息对于想要认真进行肌肉训练的老年人来说，无疑使他们充满了希望。

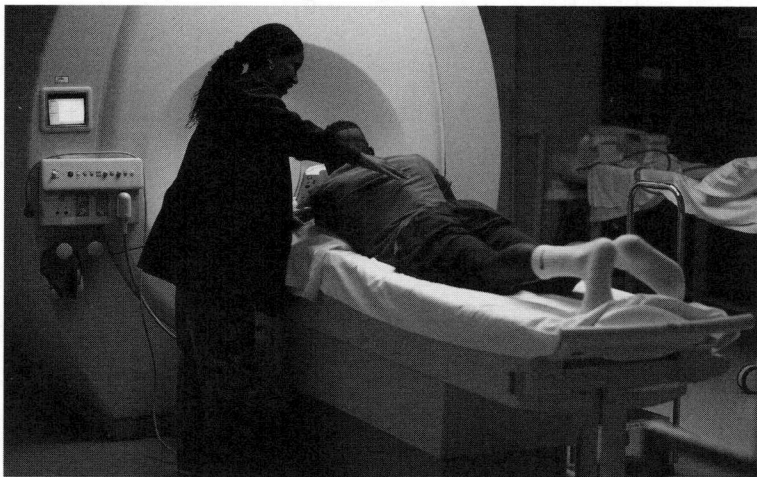

以前人们一直认为，肌肉变粗先是神经系统的适应，之后才是肌肉的逐渐变粗，但随着MRI技术的发展，这一常识逐渐被颠覆

PRACTICE

第十一章

肌肉训练的容量

训练容量的提升（一）

想要"发出强力"并"增加训练容量"，70% ~ 80%的1 RM肌力负荷强度是最佳选择。

单纯接受强刺激，肌肉不会变粗

第九章我们讲解了机械应力的相关知识。

只要向肌肉施加强大的力学刺激，肌肉为对抗负荷就会强化自身而显现出适应现象，这是生物共有的特征，也是一种正常的适应现象。所有生物必须具有对抗强负荷的能力才能生存。只要向肌肉施加强大的作用力，身体就会出现适应现象。长时间的适应可以使肌肉变粗、骨骼强健。

这难免使人产生一种构想：只要向肌肉施加强刺激，肌肉就会变粗。实际上，肌肉变粗的训练并不是如此简单。如果只考虑强刺激，最佳训练方式可以是跳跃运动，让肌肉在瞬间接受强大刺激；也可以进行增强式训练，因为训练者从高台上跳下来后，无论是再次反冲发力地跳起，还是助跑一口气向上跃起，此时地面的瞬间反作用力相当于承载500 ~ 600 kg负荷量的力，肌肉承载的压力比200 kg杠铃深蹲还要大。但只进行这种训练，肌肉是绝对不可能像健美运动员那样快速变粗的。

肌肉训练圈的常识是，想要产生肌肥大，须在70% ~ 85%的1 RM肌力负荷强度下，至少进行3组训练动作。"95%×1 RM肌力×2次"的训练模式，即使是持续进行也不会产生显著效果。

也就是说，想要使肌肉变粗，除具备力学因素外，还需要重要的刺激因素。

发力时间过短不易产生肌肥大

增强式训练与弹震式训练之所以在肌肉强化方面效果不佳，原因是发力时间过短。虽然在整个动作过程中，最大肌力的数值较高，但由于发力时间过短，肌肉也不容易产生肌肥大。

对于肌肥大来说，肌肉做功多少是一个重要因素。当我们将某个负荷物上举一定距离时，肌肉做的功相当于"负荷重力×移动距离"。在肌肉训练中，"容量"（训练量）就好比做功，大致可以通过"负荷重力×动作次数"来体现。

举个例子，当训练负荷强度为100%的1 RM肌力时，因为动作次数只有1次，所以这种情况下的训练容量，简单计算即100×1，加上单位来表示的话，就是做1组动作的训练容量为"100%×1 RM肌力×重复次数"。当负荷强度降为80%的1 RM肌力且可以完成8次上举动作时，此时的运动容量按照"80×8＝640"计算，即此时的训练容量为"640%×1 RM肌力×重复次数"。负荷强度降低20%，肌肉刺激强度虽然降低至原来的80%，但完成1组训练后，训练容量却可以提升为1 RM的6.4倍。

从上述例子可知，只要少许降低负荷强度，训练容量就会大幅提升。但如果负荷强度过度降低，就无法发出强大的力。当负荷强度设为70% ~ 80%的1 RM肌力时，可以同时满足发出强力与增加训练容量两个条件。

所以，最适当的训练方法应该是在稍微减轻负荷的状态下，缓慢、反复地进行负荷物的上下移动。为增加肌肉做功，还应把负荷物的上下移动时间规定在1 ~ 2秒内。这样就可以在增加肌肉做功的同时，充分提升整体训练的容量。

训练容量提升给肌肉带来的刺激

训练容量提升会给肌肉带来什么刺激呢？在众多刺激中，"有一种激素的分泌会因训练容量的提升而增加"，这曾受到人们的高度重视。

实际上，当训练容量为100%的1 RM肌力时，几乎不会产生生长激素。但如果把训练模式调整为80%×1 RM肌力×8次×3组时，生长激素的分泌就会增加。除了我的研究团队，美国及其他国家的众多研究团队也得出了相同的结论，所以这一现象是客观存在的。

从以上结论来看，生长激素在肌肉变粗过程中的确起到了重要作用。我们也围绕训练后生长激素与肌肥大的关系进行了反复实验。从20世纪80年代后半期到2005年左右，"生长激素与肌肥大之间有关联"一直是学术界的主流观点。但近期的研究显示，生长激素与肌肥大或减肥瘦身之间并没有直接的关系，且这一观点的呼声日益高涨。关于这一点，我将在下一节做出详细说明。

除力学因素外，肌肥大还需要重要的刺激因素

训练容量的提升（二）

训练时人体细胞会分泌IGF－Ⅰ，IGF－Ⅰ能作用于局部，促进肌肥大产生。

生长激素对肌肥大的影响不像过去那样受重视了

前一节我们讲到生长激素与肌肥大并没有直接的关系，关于生长激素的研究近年来也不那么受重视了。

向肌肉施加能使肌肉变粗的刺激时会出现一种并行现象，即脑垂体分泌的生长激素增加，这种并行现象的存在使学者认为这两者之间存在因果关系。20世纪80年代后半期到2005年左右，这一观点几乎成为定论，但现在却已"过时"。总体来说，生长激素给肌肥大带来的负面作用较多。

雄性激素（睾酮）在肌肥大产生方面起到了重要作用。通过以前的内容我们知道，雄性激素的增加不仅可以提升训练容量，还能缩短肌肥大产生的时间跨度。最新研究发现，向小鼠等动物体内长期注入雄性激素，即使它们不进行剧烈运动，肌纤维也会变粗。

蛋白同化激素是一种与雄性激素相似的兴奋剂类物质，就以上结果来看，蛋白同化激素也可以起到类似效果。

Ⅰ型胰岛素样生长因子（IGF-Ⅰ）可促进肌肥大产生

激素属于全身性影响因素，生长激素产生于脑垂体，雄性激素产生于睾丸（或卵巢），两者在体内循环并作用于肌肉。假如激素是肌肥大产生的主导因素，那么当人们进行单臂训练时，另一侧手臂的力量应该也会增强；锻炼手臂力量时，腿部肌肉也应该同时变粗，但事实显然不是如此。所以，与激素的影响相比，局部肌肉的运动机制在肌肥大产生过程中起到了更重要的作用。

一种与生长激素相似的物质——"Ⅰ型胰岛素样生长因子（IGF－Ⅰ）"值得人们关注。IGF－Ⅰ生成于肝脏，但运动时肌肉也可以分泌此物质。它能促使肌肉运动，使肌卫星细胞（肌纤维再生必需的一种干细胞）增殖，以促进肌肉局部运动时产生肌肥大。

什么样的刺激才能促使肌肉有效分泌IGF－Ⅰ呢？答案就是较长时间、充分的肌纤维发力训练。换句话说就是大容量训练，而非短时间强大发力型训练。

运动过程中肌肉的IGF－Ⅰ产生机制尚不明晰，但只要进行大容量训练，就可以促使IGF－Ⅰ的暂时性大量分泌，因此易产生生长激素的训练刺激很可能与肌肉有效分泌IGF－Ⅰ的刺激属于同一种刺激。生长激素与肌肥大之间并无因果关系，虽然训练质量提高时生长激素的分泌也会增加，但如果把生长激素分泌量的增加作为训练目标则是错误的。

近期研究显示，雄性激素与IGF－Ⅰ一样，都可以在肌肉中生成。与睾丸中分泌的循环性的雄性激素相比，肌肉分泌的雄性激素对肌肥大的促进效果更好。

"激素促进肌肥大"的观点与"乳酸会导致疲劳产生"的说法相似

"激素促进肌肥大"的观点与"乳酸会导致疲劳产生"这一说法的因果推断具有相似之处。

如果训练时完全耗尽肌肉的力量，我们就会发现训练后血液中乳酸的浓度有所上升，而且肌肉周边的乳酸浓度也会升高。单看这一现象，乳酸确实出现于疲劳产生之前的训练过程中。所以，很长一段时间内我们都认为乳酸是疲劳产生的直接原因。

但随着研究的发展，近期发现，相对于引发疲劳，人们渐渐倾向于将乳酸定义为一种二次代谢产物，认为它是肌肉的能量之源，具有重要作用。乳酸分泌量较多的训练会在短时间内消耗肌肉的大量能量，所以乳酸的分泌也是剧烈运动的体现。当血液中的乳酸浓度增加时，为恢复原有的乳酸浓度，人们就必须休息一定时间。但如果就此认为"乳酸是疲劳的元凶""运动过程中要是没有乳酸产生就好了"，这也是错误的。

20世纪80年代后半期到2005年左右，围绕"激素促进肌肥大"这一主题，学界开展了各种训练"处方"的研究。那段时间出现的部分观点直到现在依然在误导我们，例如"产生了生长激素所以训练效果很好"等观点。与"乳酸会导致疲劳产生"这一说法类似，我们一定要纠正这些错误认知。

肌肉中IGF-Ⅰ的有效分泌来自大容量训练，而非瞬间发出强力的训练模式

训练容量的提升（三）

训练开始时的生长激素分泌情况能有效预测训练效果。

缩短每组动作的间隔可以提升肌肥大效果

通过前一节的学习我们知道，生长激素的分泌与肌肥大之间并无直接的因果关系，但引发生长激素强烈分泌的刺激与引发肌肥大的刺激很可能具有共通性，所以可以将生长激素分泌量的增加看作良好训练质量的体现。

过去人们认为生长激素与肌肥大之间具有直接关系，研究人员从生长激素的分泌入手尝试研究出了各种各样的训练方法。

20世纪90年代前半期，美国的研究团队得出结论，当训练的负荷强度为80%的1 RM肌力且每组动作间隔3分钟时，肌肉几乎不会分泌生长激素。但如果把每组动作的间隔缩短为1分钟，生长激素的分泌量就会骤然增加。

若长期坚持80%的1 RM肌力训练且每组动作的间隔为1分钟时，促进肌肥大的效果更好，所以有人根据这一实验提出，想要提升肌肥大的效果应尽可能缩短每组动作的间隔时间。

提升训练容量的方法

我的研究团队也曾围绕"生长激素增加"这一主题尝试过几种训练方法的研究，降序训练就是其中的一种。降序训练通过分阶段降低负荷的方式将肌肉逼近极限，这种训练可以对生长激素的分泌产生强烈刺激（见图11.1）。长期坚持降序训练具有明显的肌肥大提升效果。

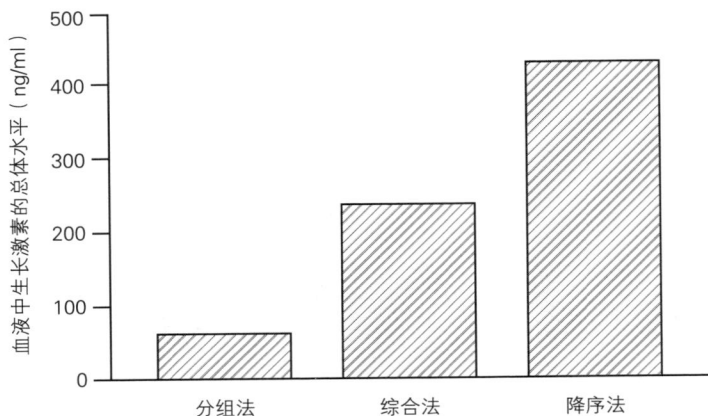

图 11.1　不同训练方法与生长激素的分泌量
与正常的分组训练相比，进行综合训练和降序训练后，生长激素的分泌量明显增加

降序训练几乎是在无间隔地重复动作次数，每组训练的容量会变大，所以会产生肌肥大。

综合训练是指在完成日常多次的高负荷训练后，将负荷强度降为50%的1 RM肌力并追加30次左右的多组数训练。"一个半"训练（因阿诺德·施瓦辛格的青睐而闻名）是指当负荷量无法继续增加时，就将运动幅度减半的持续训练方式。以上两种训练都是在日常训练基础上侧重于"耗尽肌肉力量"，所以这些训练的容量都很大。长期坚持以上训练可以产生肌肥大，训练后生长激素的分泌量也会增加。

组合训练是指多种动作的组合，进行组合训练也可以提升训练的容量。"局部集中组合训练"（现在很少有这种叫法了）是一种将同系统训练项目进行无间隔交叉组合的连续训练方式。例如，杠铃弯举→哑铃弯举（稍微减轻负荷）→杠铃弯举→哑铃弯举，这一运动方式就属于局部集中组合训练。

卧推（复合关节动作）和蝴蝶机夹胸（单关节动作）的组合也属于局部集中组合训练。在这个组合中，虽然训练项目类型发生了些许变化，但以上两种训练针对的都是相同部位的肌肉，都是在短时间内把肌肉"逼入"极度疲劳状态的训练方式。顺便说一下，"flushing"有"充血"的意思，所以局部集中组合训练可以理解为一种以肌肉充血（pump up）为目的的训练方式（在日本，"pump up"曾有"血液滞留"的意思），而此时生长激素的分泌量也有所增加。

加压训练、慢速训练可与大容量训练等效

除了降序训练，我们还针对加压训练（低负荷条件下产生肌肥大的训练）进行过研究。加压训练运用弹力带抑制血液的流动，还能有效促进生长激素的分泌。虽然加压训练的负荷量较低，但其生长激素和雄性激素分泌水平都与大容量训练的激素分泌水平相当。

慢速训练是在加压训练理论基础上提出的训练方式，通过肌肉的持续发力来增加内压，抑制血液的流动，对于肌肉中生长激素、雄性激素的分泌具有强烈的刺激作用。

美式新兵训练营瘦身法曾经一度流行，其训练动作大多强度较低，不会耗尽肌肉的力量。从这一角度看，美式新兵训练营瘦身法与慢速训练有相似之处。所以只要坚持训练一定的时间，生长激素的分泌量必然会有所增加。

只要进行有效的肌肥大训练，就会伴随激素分泌现象，所以训练时可以将生长激素的分泌情况作为训练效果的一种评测依据。我们无须花费3～6个月的时间等待训练数据的积累，只需根据单次训练时生长激素的分泌情况，就可以在一定程度上推测这种训练的长期效果。生长激素与训练之间关系的研究可以为我们了解更多训练项目的特性提供线索。

PRACTICE

第十二章

肌肉学在实践中的应用

肌肉学在实践中的应用（一）

并非所有训练都会带来积极影响，训练项目的选择因人而异。大家可以从自己开展的训练项目出发，结合自身的不足做出决定。

肌肥大的刺激方式不是唯一的

到目前为止，我们讲解了肌肥大产生的各种机制。通过训练产生肌肥大乍一看很简单，也很常见，所以有人觉得这是一个简单的机制，但实际上肌肥大是众多复杂因素交织的产物。

具有日常训练习惯的人可能都希望肌肉稍加训练就能变粗，但这对于身体来说并不是好事。仅仅一个诱因就能引起身体的变化，这可以算得上是威胁生命的一个危险信号了。因为肌肉可能会随环境、生活的变化或某种错误判断而无限制地产生肥大反应。

这使肌肉好像变成了另一种生物，它会挣脱意识的控制而进入"暴长"状态，这很可能损害身体健康、影响日常运动。用极端的观点表述就是人体可能"被肌肉杀死"。所以，为了不让肌肉在日常刺激下就轻易变肥大，人体内部各因素需要互相牵制，共同保持平衡。当生命真的遭遇生死存亡、肌肉必须变粗才能生存下去，或者当身体面对双重、三重刺激而有必要肌肉变粗时，身体会针对具体情况做出综合判断，之后才会产生针对现状的适应现象。

关于肌肥大的影响因素我们已经列举了很多。如何才能产生肌肥大呢？此时大家可能已不知如何回答了，其实我也没有明确答案。世界上没有什么刺激是独一无二的，也没有哪种刺激必定产生肌肥大。我只能说，如果施加的刺激能尽量多地满足前文介绍的条件，就会取得更好的效果。

提高肌肉训练效率，最好不要依赖单一方式

肌肉变粗并非单一因素作用的结果，因此肌肉变粗的方式可能有多种。

万能的训练是不存在的，每种训练都有各自的优缺点。某种训练也许能在某一方面产生强烈刺激，而在其他方面产生的刺激则较弱。提高肌肉训练效率的关键是在理解各种训练特性的基础上，综合运用多种方式，而不是只依赖单一方式。

如果进行高强度训练，身体受到的力学刺激必然很强。高负荷训练（超强负荷下缓慢完成训练动作，通过较少的训练次数实现肌肉力量的极度消耗）就是一种针对强度的训练

方式。

如果我们进行大容量训练，为了提升训练容量就会增加代谢型刺激。这种训练与高负荷训练正好相反，它是在低负荷状态下通过增加训练次数来完成肌肉力量的极度消耗。

此外，还有加压训练和慢速训练，这两种训练方式能减轻肌肉负荷，通过肌肉内部氧环境恶化的特殊手段来产生肌肥大。与高负荷低次数及低负荷高次数的训练相比，这两种训练方式能减轻身体整体的压力。

"驯化"现象产生后，请尝试改变肌肉刺激的类型

促使肌肉变粗的因素很多，对于普通人来说并不是所有训练都需要尝试。训练项目的选择因人而异，大家可以从自己开展的训练项目出发，结合自身的不足做出决定。

例如，我们到底应该训练肌肉的爆发力还是耐力？训练目标不同，具体应选择的训练方式也不同。

个体之间肌肉块形成的难易程度多少会有差异，但大致可分为两种类型——重视训练强度而更容易使肌肉变发达的类型，以及训练强度较低而重视训练容量的类型。

随着基因研究的发展，目前判断肌肉块形成的难易程度已不再困难。即使不依赖技术手段，我们也能在熟悉训练后对自身的肌肉状况有一个感性的认识。尽早掌握自身肌肉的

特性，对以后的训练具有重要意义。

即使知道了自己属于哪种类型，我也不建议你只坚持一类训练。生物体都具有一种"驯化"特性，身体总是接受同一种刺激，就会渐渐习惯这种刺激。之后无论再怎么施加这种刺激，肌肉都不会做出反应了。我们所说的"瓶颈期"往往就出现在这时。

即使是训练强度"敏感型"的人，在"驯化"现象产生之后也要暂时转变训练方式，进行一些低负荷高次数的训练。

世上没有万能的训练，每种训练都有各自的优缺点。
当身体对某种刺激习惯之后就会产生"驯化"现象。
在理解这一点的前提下进行持续训练非常重要

肌肉学在实践中的应用（二）

少年——低负荷高次数训练。
青壮年——中高负荷低次数训练。
中老年——低负荷慢速训练。

强度型训练和次数型训练

所追求的训练效果不同，实践中可采用的训练方式也不同。

在杠铃、哑铃等器械训练中，正常情况下的负荷强度应在70% ~ 85%的1 RM肌力范围内。如果想把负荷强度设定在上述范围之外，训练形式大概可分为两种类型——强度型和次数型。

强度型训练以瞬间发出绝对力量为目标，一般情况下，训练时的负荷强度设为90%的1 RM肌力以上。除了能量举、重量举、橄榄球等爆发力型竞技项目外，对于其他需要爆发力的训练项目来说，强度型训练也是有效的。强度型训练不仅能增强肌肉的发力能力，还能提高肌肉的负荷耐受能力，具有提升竞技能力的效果。

次数型训练的负荷强度一般设为30% ~ 65%的1 RM肌

力或仅利用自重，通过增加训练动作次数来实现肌肉力量的极度消耗。训练次数的增加虽然会让训练者在精神上感到痛苦，但此类训练经验的积累会锻炼他们在关键时刻的发力能力。

比如对于格斗等项目的运动员来说，如何在极度疲劳的状态下奋力压制对手非常重要。我们一般认为，在对精神压力有耐受性要求的运动项目中，次数型训练可以起到正向作用。但常年进行精神压力较大的训练是不现实的，所以次数型训练最好分阶段进行。

如果不愿意进行强度型训练或次数型训练，可以选择加压训练或慢速训练，这两种训练均能通过局部加压使肌肉更快地进入疲劳状态，适用于体力较弱的人群，在康复等方面十分有效。而且加压训练和慢速训练能够在没有强烈不适感的情况下，以较短的时间大幅消耗肌肉力量，对于老年人或不想做剧烈运动的女性来说，无疑是一种适宜的训练方式。

但低负荷并不等于轻松，大家千万不要将这两者混为一谈。想要训练出结实的肌肉，还是要通过增加次数等方式，努力使肌肉进入力量耗尽状态。

处于生长期的青少年更适合次数型训练

根据训练者年龄的差异，选择的训练项目也应有所不同。高负荷训练会对肌肉、骨骼和关节造成很大的压力。如果对处于生长期的运动员进行高负荷训练的话，可能导致其出现生长痛或骨骼、关节方面的障碍。对于身体尚未完全发育的运动员来说，最好选择低负荷高次数训练。

处于身高增长期的运动员一定要避免高负荷训练。生长期的分辨比较困难，而且具有一定的个体差异，有的孩子到了高中阶段才开始迅速长高。如果在这一时期内不得不进行力量训练的话，我认为还是尽可能选择低负荷训练。

次数较多的训练能给肌肉和关节带来足够的压力，对关节和骨骼的压迫也较小。虽然次数较多可能导致过度训练，但次数较多的训练不仅可以锻炼肌肉耐力，还能锻炼心理承受能力。

极度消耗型训练可能促发身体的二次生长

通过多次数训练极度消耗肌肉力量能激活代谢型受体，促进生长激素的分泌，从而增加身高二次生长的可能性。

除需要剧烈训练的运动员外，大部分人群都可以在进行多次数训练的同时进行慢速训练。慢速训练可以激活内分泌系统，同样有可能促进身体生长。

顺便说一下，小学生也可以进行慢速训练，他们不宜进行高负荷训练，只要每日做10个左右的慢速深蹲就足够了，这样就可以很好地锻炼腿部、腰部的稳定性。等孩子们升到高年级，身体渐渐适应了慢速训练后，就可以在身体的可承受范围内缓慢增加训练次数，只要体验到肌肉疲劳感即可。提前感受一下训练的滋味可以为生长期结束后的正式训练打下基础。

对于不同的人生成长阶段，有效的训练方式也不同。处于生长期的少年应进行低负荷高次数训练（或慢速训练）；生长期过后可进行高负荷低次数（或正常的中高负荷）训练；中老年人则适合进行较低负荷的慢速训练。

生长期结束之前，孩子们应选择自重训练这种低负荷训练。这样既能给肌肉足够的压力，又不会对关节和骨骼产生压迫

最新学术发现

最近学界的关注点集中于"肌肉饱满效应"。

肌肉耐力会在高氧环境下得到提升

在这一节中，我想以我的研究团队开展的课题为中心，向大家介绍几则关于肌肉的最新消息。

首先是第九章第05节提到的氧环境相关实验的最新结果。我们在高氧环境中让受试者进行低负荷高次数训练（30%的1 RM肌力负荷强度，直至肌肉力量耗尽），并研究肌肉耐力的变化情况。最终发现，氧浓度较高环境下的肌肉耐力比正常环境下强。

这个实验的氧环境浓度比正常氧环境浓度高出10%，所有受试者动作重复次数的增加幅度不同，个体之间虽有差异，但就平均值来看，的确比正常氧环境浓度下的肌肉耐力值高。

到目前为止，还有人利用自行车等工具进行过类似实验，也有多份实验报告揭示了高氧环境下身体整体耐力有所提升的结论，但与肌肉耐力相关的研究较少。过去学界一直认为，尽管身体整体耐力的提升与氧有直接联系，但肌肉耐力本身是不会提升的，而这次的实验结果颠覆了这一结论。

就连便携式氧气瓶这样的工具都可以制造出一个临时的高氧环境，而使肌肉耐力因此提升。但是高氧环境的维持是有时限的，一旦脱离氧气瓶肌肉耐力又会恢复到原有水平。

比赛前进入低氧室就能提升运动表现吗

在高氧环境研究的基础上，我的研究团队还发布了很多低氧环境下训练的相关数据。比如登富士山时有人会出现高原反应。根据我们的研究，如果在富士山的五合目位置[1]停留两小时左右，再继续向上攀登，就不容易产生高原反应了。这是因为我们的身体已经"习惯"低氧环境了，这个实验体现了耐力竞技的战略原理。根据这一实验，运动员可能无须提前进入低氧环境进行训练，比赛前在低氧室待上几个小时就可以提升肌肉耐力和运动表现。至于这一观点正确与否目前还不明确，但确实有人提出了上述观点。

这样一来，在一定范围内控制身体内部的氧环境就会对

---

[1]　富士山五合目位置的海拔为2305 m。

运动表现产生影响。但也有人认为，在奥运会等赛事中，如果部分国家的运动员把低氧室带进去，对于其他运动员来说则是不公平的。

还有人认为，除了使用低氧室外，进行高原训练或使用高压氧舱等手段，也属于通过"物理性"手段提高竞技能力，同样会影响竞技的公平性。针对这一问题的讨论今后还可能继续。

摄入的有效蛋白质具有上限

接下来我想介绍研究室一位学生的课题：人体每次摄入的蛋白质有多少会转化为肌肉呢？这是一个关于蛋白质代谢方面的课题，这个课题最近在学界引发了一定的关注。之前我们说过，当我们摄入蛋白质（氨基酸）时，体内的蛋白质合成能力就会提升。那么随着摄入量的不断增加，合成能力会不断提升吗？现在我们逐渐明白，这是不可能的。蛋白质的合成会在某一点达到上限，超过这一上限，即使继续摄入，也没有任何意义。

有数据显示，一次性摄入20 g左右的蛋白质，体内蛋白质的合成就会到达顶峰（老年人大概需要摄入40 g左右）。这20 g蛋白质不仅指从日常饮食中摄取的，训练后补充的蛋白质也是同理。无论什么情况下，单次摄入20 g基本就是上限了。

　　这种现象叫作"肌肉饱满效应"，在肌肉已经"吃饱"的情况下，人体继续摄入蛋白质，肌肉就"吃"不下去了。摄入的过量蛋白质可能变为能量被燃烧掉。也就是说，训练后即使吃下1 kg的牛排，能转化为肌肉的部分也是有限的。仅仅吃一些米饭、纳豆和鸡蛋，蛋白质的摄入量就已经达到15 g左右了，在此基础上再来一小块鲑鱼肉，蛋白质的摄入量就达到20 g了。所以，简单的日常饮食就能充分满足蛋白质的摄入要求。

　　既然如此，应该不用再额外补充蛋白质了。但蛋白质同时也是促进肌肉合成的"开关"，额外摄入适量的蛋白质是一种方便、有效的"开关"触发手段，但没有必要过量地摄入蛋白质。

后 记

　　报纸中曾刊登过一则报道——《健身房是老年人的社交场所——多运动，日常行为能力就不会衰退》。据统计，在日本民办健身房的会员中，60岁以上的人群占比超过30%，比10年前增加了11%以上。日本体育厅分析称，数据表明有锻炼习惯的老年人，其日常行为能力的衰退比没有运动习惯的老年人有所推迟。

　　近年来，欧美国家的流行病学研究也认为，在日常生活中，运动较多的老年人比运动较少的老年人患阿尔茨海默病的概率低50%。想要长久地享受健康、有活力的生活，需要遵循以下三个原则：一是预防并改善随衰老而来的肌肉量减少、肌力减退现象；二是维持并改善关节的灵活性；三是将前两个原则融入日常生活中。瘦身俱乐部、健身房等机构基于上述三个原则推出了多种训练方法。另外，这些地方作为社交场所，有助于给训练者带来良好的心理激励。

但有一点需要注意，上述三个原则之间并没有因果关系。例如，日常生活中高质、高效的运动确实可以减轻对肌肉和关节造成的负担，但这也可能减弱对肌力增强的刺激。综上所述，遵循这三个原则只是维持健康运动与生活的基本要求，我们要忠实、坚定地执行，不要被所谓的"流行"和"虚有其表的效率性"所愚弄。因此，学习肌肉、骨骼、神经等相关知识是非常有用的。

体育领域也是如此。在今年的棒球职业联赛中，福冈软件银行鹰队大放异彩。这支队伍的教练员是来自长崎市的高西文利，他已经执教该队多年了。高西文利不仅是我做健美运动员时的训练搭档，还是30多年来与我一起学习肌肉和训练相关知识的伙伴。由他指导的训练绝对没有什么特别之处，无外乎忠实而又坚定地遵循了以上三个原则。但面对每一名运动员，他都会不厌其烦地讲解肌肉的重要性、训练动作的组成和意义，直到运动员理解为止。这个例子充分说明，无论是运动员还是教练员，掌握相关知识非常重要。

"简单的肌肉学"专栏连载于《教练培训》（*Coaching Clinic*）杂志，本书内容由"简单的肌肉学"专栏文章改编而来，面向自主训练的人士、教练员，以及想要迈进肌肉锻炼领域的人士。

如果本书能使你重新审视肌肉、运动及训练的"本质"，我将感到万分荣幸。

另外，本岛灯家、光成耕司两人为本书的发行提供了巨大帮助，特此表示感谢。

石井直方